汽车诊断思维技能

汽车灯光控制系统及检修

第2版

北京中汽恒泰教育科技有限公司　组编

弋国鹏　魏建平　郑世界　编著

机械工业出版社

《汽车灯光控制系统及检修》按照故障诊断流程对汽车上各个灯光系统常见故障进行详细讲解，包括远光灯、近光灯、示宽灯、制动灯、转向及警告灯、雾灯、倒车灯等控制系统，同时就新一代的CAN总线进行了适当讲解。

本书规范了汽车诊断思维，细化了技术细节，引导学生在具体的诊断过程中进一步掌握汽车灯光系统的结构和控制逻辑，指导学生学会使用各种诊断设备，培养学生将泛泛的基础知识和实际车型相结合，更有效地掌握排除汽车故障的技能。

本书可作为高职院校汽车检测与维修专业教材，也可作为汽车维修技能竞赛的指导性教材。

图书在版编目（CIP）数据

汽车灯光控制系统及检修/弋国鹏，魏建平，郑世界编著. —2版. —北京：机械工业出版社，2019.8（2024.1重印）
ISBN 978-7-111-63428-7

Ⅰ.①汽⋯ Ⅱ.①弋⋯ ②魏⋯ ③郑⋯ Ⅲ.①汽车—灯光系统—控制系统—车辆检修—高等职业教育—教材 Ⅳ.①U472.43

中国版本图书馆CIP数据核字（2019）第173668号

机械工业出版社（北京市百万庄大街22号 邮政编码100037）
策划编辑：李 军 责任编辑：李 军
责任校对：刘雅娜 封面设计：马精明
责任印制：单爱军
北京虎彩文化传播有限公司印刷
2024年1月第2版第5次印刷
184mm×260mm · 7印张 · 168千字
标准书号：ISBN 978-7-111-63428-7
定价：39.90元

电话服务 网络服务
客服电话：010-88361066 机 工 官 网：www.cmpbook.com
　　　　　010-88379833 机 工 官 博：weibo.com/cmp1952
　　　　　010-68326294 金 书 网：www.golden-book.com
封底无防伪标均为盗版 机工教育服务网：www.cmpedu.com

前　言

为提升历年汽车维修技能竞赛的技术规范和日常教学活动紧密结合的程度，培养学生在汽车故障诊断过程中的诊断思维和规范性操作，培养学生将理论知识和实际维修案例相结合，编写故障诊断和检测技术文件的能力，帮助学生准备汽车维修技能竞赛，在经过大量的试验和实践总结后，我们编写了这本实践性很强的指导性图书，供高职院校及其他院校汽车检测与维修专业学生使用。

本书符合国家对技术技能型紧缺人才培养培训工作的要求，注重以就业为导向，以能力为本位，面向市场，面向社会，体现了职业教育特色，满足了高素质人才培养的需求。

本书的编写以"创新职业教育理念、改革教育教学模式、提升学生职业素质、适应经济社会发展"为指导思想，采用职教专家、行业一线企业和出版社相结合的编写模式。在组织编写过程中，认真总结了历年技能竞赛的相关技术文件，通过大量的验证性试验总结原车的结构特点和控制流程，并基于此制订了规范的诊断流程，同时还注意吸收发达国家先进的职教理念和方法，形成以下特色：

1）打破传统的教材体例，以具体故障诊断过程为单元确定知识目标和能力目标，使培养过程实现"知行合一"。

2）以工作过程为导向，细化作业过程，规范思维和作业过程，对必要的理论知识进行了详细的解释，真正将各种技能竞赛的要求和日常教学活动有机结合。

3）内容选择注重汽车后市场职业岗位对人才的知识、能力要求，力求与相应的职业资格标准衔接，并较多地反映了新知识、新技术、新工艺、新方法和新材料等内容。

本书由北京中汽恒泰教育科技有限公司组织编写，刘超、柳琪、宋宗奇参与了资料收集、数据采集、文稿整理及其他相关工作，在此对他们表示衷心的感谢。

由于经验有限，书中所有诊断流程、测试数据等可能存在疏漏，请使用本书的师生提出宝贵意见，以便在今后进行补充和改进。

编　者

目 录

前言

任务 1 远光灯控制系统及检修 ………… 1

  1.1 远光灯控制系统的组成与工作原理 ………… 6

  1.2 远光灯控制系统常见故障的诊断与排除 ………… 12

任务 2 近光灯控制系统及检修 ………… 17

  2.1 近光灯控制系统的组成及工作原理 ………… 21

  2.2 近光灯控制系统常见故障的诊断与排除 ………… 23

任务 3 示宽灯控制系统及检修 ………… 26

  3.1 示宽灯控制系统的组成和工作原理 ………… 30

  3.2 示宽灯控制系统常见故障的诊断与排除 ………… 34

任务 4 制动灯控制系统及检修 ………… 40

  4.1 制动灯控制系统的组成与工作原理 ………… 44

  4.2 制动灯控制系统常见故障的诊断与排除 ………… 46

任务 5 转向、警告灯控制系统及检修 ………… 51

  5.1 转向、警告灯控制系统的组成及工作原理 ………… 56

  5.2 转向、警告灯控制系统常见故障的诊断与排除 ………… 60

任务 6 雾灯控制系统及检修 ………… 63

  6.1 雾灯控制系统的组成及工作原理 ………… 67

  6.2 雾灯控制系统常见故障的诊断与排除 ………… 71

任务 7 倒车灯控制系统及检修 ………… 74

  倒车灯控制系统的组成及工作原理 ………… 78

附录 A 汽车总线系统及检修 ………… 81

  A1 汽车总线系统的结构与工作原理 ………… 81

  A2 CAN 总线常见故障的诊断与排除 ………… 95

  A3 如何书写诊断报告 ………… 103

任务 1
远光灯控制系统及检修

一、任务描述

迈腾远光灯控制系统常见的、稳定的故障现象有三种：
1）变光开关开至远光灯档位，所有远光灯不亮。
2）变光开关开至远光灯档位，一侧远光灯不亮。
3）变光开关开至超车档位，所有远光灯不亮。

二、任务分析

要想完成以上故障的诊断与排除，需要具备以下知识和技能：

1. 相关知识

1）汽车灯光系统总述。
2）汽车前照灯系统的认知和检测。
3）迈腾网络总线系统。
4）迈腾远光灯控制系统的组成及工作原理，如图1-1所示。

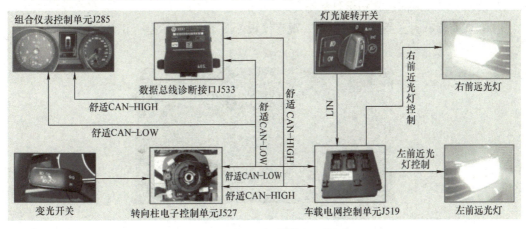

图1-1 迈腾远光灯结构和工作原理

2. 相关技能

1）万用表、示波器、解码器等常见设备的使用。
2）维修资料的查阅、线路原理图的识读和分析。

3)常见故障的诊断与排除。
4)5S 管理和操作。

三、故障分析

1. 初步分析

1)用正确的方法检测 +B，确保 +B 符合要求。
2)在任何情况下，向上拉动变光开关至超车档，前照灯左、右远光灯应该点亮（图 1-2），仪表上远光指示灯应该点亮（图 1-3）。

图 1-2　迈腾远光灯

图 1-3　迈腾仪表远光指示灯

如果异常，则可能存在以下故障的一个或多个：
① 变光开关内超车开关及线路故障。
② 转向柱电子装置控制单元 J527 及线路故障。
③ 车载电网控制单元 J519 及线路故障。
④ 至左、右远光灯控制信号线路故障。
⑤ 左、右远光灯 LED 故障。
⑥ 左、右远光灯接地线路故障。
⑦ 仪表及仪表内部远光指示灯故障。

3)接着将点火开关置于 ON 位置，观察仪表（图 1-4）显示是否正常。

图 1-4　迈腾仪表灯光故障提示

迈腾汽车车载电网控制单元 J519 对车辆外部灯光工作状态实施监测，如果外部灯光工作状态发生异常，车载电网控制单元 J519、转向柱电子装置控制单元 J527 会根据检测到信号的状态产生一个相对应的故障代码，同时会将这一个信息通过舒适 CAN 总线发送至组合仪表控制单元 J285，仪表控制单元通过文字提醒警告驾驶人灯光系统异常，注意行车安全。分析仪表上的故障信息就可以基本确定故障部位。

> 注意：仪表上的故障信息提示有时是在点火开关打开后就会提示出来，而有些是在操作灯光旋转开关后才会提示出来。

4）接着旋转灯光旋转开关至近光灯位置，观察前部左、右近光灯是否点亮。

如果异常，则可能存在以下故障的一个或多个：

① 旋转灯光旋转开关及线路故障。

② 至左、右近光灯控制信号线路故障。

③ 左、右近光灯 LED 故障。

④ 左、右近光灯接地线路故障。

5）接着，按下变光开关，观察前部左、右远光灯（图1-5）是否点亮；仪表上远光指示灯是否点亮，如果显示异常，则可能存在以下故障：变光开关及线路。

图1-5　迈腾远光灯及仪表指示灯

6）接着，观察仪表上是否提示新的灯光系统故障，如果有就按照信息进行维修。

2. DTC 分析

现在汽车一般都具有自诊断功能，即使通过故障现象可以明确故障范围，但也最好首先读取故障记忆，因为这特别有利于快速发现故障。如果有故障代码，应清楚故障代码的定义和生成条件，并基于此展开诊断和故障检修；如果没有故障代码，则基于系统的结构和工作原理进行系统诊断。

系统控制单元根据需要实时监测特定的元器件、数据通信以及线路的电压、信号。如果受监测的元器件、数据通信以及线路的电压、信号出现波动或异常，在设定时间内控制单元将确认此元器件、数据通信以及线路出现故障，随即在 ROM 中调取一个和电压以及信号异常相对应的代码，存储于控制单元 RAM 中，这就是故障代码，即 DTC。

在利用故障代码进行故障诊断时，一定要仔细阅读故障代码的定义和生成条件，从中可以明确故障代码的生成机理，并根据机理确定验证故障代码真实性的方法，进而有利于提高诊断效果。所以利用故障代码进行故障诊断时按以下步骤进行：

1）读取故障代码，查阅资料了解故障代码的定义和生成条件。

2）验证故障代码的真实性，验证的方法也分两步。

① 通过清除故障代码、模仿故障工况运行车辆，再次读取故障代码。

② 通过数据流或在线测量值来判定故障真实性，并由此展开系统测量。

按照当前的故障,实测过程中可能会遇到三种情况:

1)诊断仪器可以正常和车载电网控制单元 J519 之间进行通信,但系统没有故障记忆。

2)诊断仪器可以正常和车载电网控制单元 J519 之间进行通信,并能读取到系统中所存储的故障代码,此时应结合故障代码信息进行维修。

3)诊断仪器不能正常和车载电网控制单元 J519 之间进行通信,因此无法读取系统中所存储的故障代码。

如图 1-6 所示为诊断仪器和车载电网控制单元 J519 之间的通信原理图,从中可以看出,诊断仪器通过诊断仪器连接线、无线或蓝牙通信、OBD-II 诊断接口、CAN 总线与车载电网控制单元 J519 进行通信。

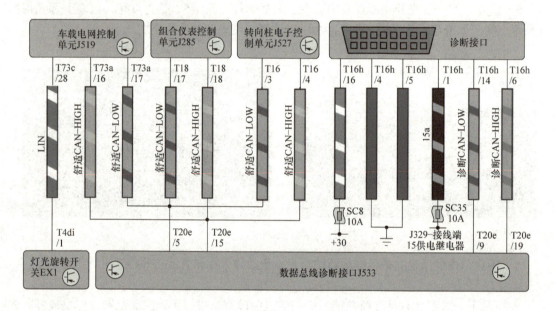

图 1-6 J519 数据诊断通信原理图

如果诊断仪器无法进入车辆所有系统,则可能是解码器、诊断连接线、无线或蓝牙通信、OBD-II 诊断接口、CAN 总线中的一个或多个出现故障;如果只是某个控制单元无法到达,则可能是该控制单元或其电源线路、相邻的 CAN 总线区间出现故障。

诊断仪器无法进入某个控制单元,可能原因有以下几种:

1)诊断接口电源供给线路故障。

2)诊断接口与数据总线诊断接口 J533(网关)之间的诊断 CAN 线路故障。

3)数据总线诊断接口 J533(网关)电源、自身故障。

4)J533 与车载电网控制单元 J519 之间的舒适 CAN 线路故障。

5)车载电网控制单元 J519 自身或其电源故障。

3. 无码分析

如果没有故障代码显示,那就需要技术人员结合故障现象,分析系统线路图(图 1-7),列举故障可能,并按照正确的流程,利用合适的测试设备进行正确的测量,从而发现故障所在。

任务 1　远光灯控制系统及检修

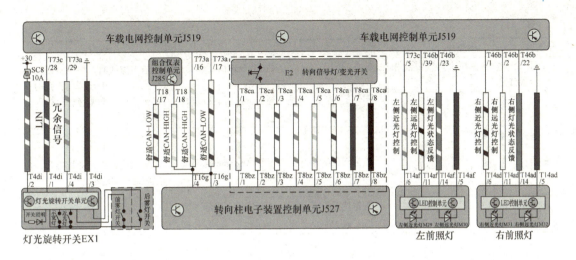

图 1-7　迈腾远光灯控制线路图（注意车型差异）

四、诊断流程

面对汽车灯光系统所发生的各种故障，诊断及处理失误将给企业和个人造成相当大的损失。正确的诊断及处理，不可能来自于盲目的主观臆断，而应该建立在获取与故障有关信息的基础上，依据迈腾灯光系统、CAN 总线系统的工作原理以及控制结构，运用科学的分析方法，按照合理的步骤进行综合分析，去伪存真、舍次取主，排除故障受害者，找出故障肇事者，这才是提高故障诊断准确性的关键所在。为了便于分析，不至于被众多杂乱无章的信息扰乱思路，需要结合线路原理图，遵从以下流程进行诊断维修。

迈腾远光灯、超车灯异常诊断流程，见表 1-1。

表 1-1　迈腾远光灯、超车灯异常诊断流程

步骤	操作	结果	备注
1	确认 +B 大于 11.5V	正常转至步骤 2	不正常给蓄电池充电或更换	确保蓄电池正负极接头连接牢靠，不脏污
2	向上拉动变光开关至超车档位，前照灯左右远光灯点亮、仪表上远光指示灯点亮	正常、不正常转至步骤 3		如果异常开启远光灯验证，缩小故障范围为变光开关内超车开关触点及线路故障
3	打开点火开关至 ON 档，仪表显示应正常点亮；前照灯没有点亮	正常转至步骤 4	仪表显示不正常结合线路图、手册维修仪表显示异常故障	如果前照灯点亮则检查灯光旋转开关电源、LIN 总线通信线路
4	变光开关按下至远光档位，观察前照左、右远光灯是否点亮，仪表上远光指示灯点亮	正常转至步骤 10	不正常转至步骤 5	如果异常，结合超车灯正常，缩小故障范围为变光开关内远光开关触点及线路故障
5	观察仪表上是否有外部灯光故障提示	无提示转至步骤 6		
6	连接故障诊断仪器，读取故障代码	正常读取，转至步骤 7	无法读取故障代码，转至步骤 8　无故障代码转至步骤 9	
7	根据实施维修里故障代码进行诊断、维修	正常转至步骤 10		

— 5 —

（续）

步骤	操作	结果		备注
8	检测 OBD-II 诊断接口及相关线路	正常转至步骤 7	执行"OBD-II 诊断接口"诊断	使用连线时，如果解码器不亮或者使用无线传输方式时怀疑无线单元不能通信时进行该诊断
	检测舒适 CAN 通信		执行"舒适 CAN 通信"诊断	
9	插接器检查	正常转至步骤 10	不正常维修故障部位	包括外观、退针、锈蚀等项目
	结合维修手册、线路图对所有远光灯控制、接地线路、进行电压、通断测量			测量项目包括对地电压、电阻和端对端电阻
10	故障检验	正常转至步骤 11	不正常转至步骤 5	
11	维修完成			

五、实施维修

1. 根据故障代码提示进行维修

利用解码器读取故障代码，按照本资源库中提供的针对每个故障代码制定的诊断流程进行故障诊断。

2. 线路检测

根据系统的结构原理，对灯光旋转开关、车灯变光开关、左前照灯总成、右前照灯总成、转向柱电子装置控制单元 J527、数据总线诊断接口 J533、组合仪表控制单元 J285、车载电网控制单元 J519 等线路进行检测，检测方法参照本资源库的相关内容。

3. 部件检测

根据系统的结构原理，对灯光旋转开关、车灯变光开关、左前照灯总成、右前照灯总成、转向柱电子装置控制单元 J527、数据总线诊断接口 J533、组合仪表控制单元 J285、车载电网控制单元 J519 等元器件进行检测，检测方法参照本资源库的相关内容。

六、总结拓展

技术报告：参照高职大赛工作页完成诊断报告，教师应根据需要设置好故障点，也可根据本课件中提供的实际案例制定标准答案。

拓展实训：教师可以在车辆上给学生设置相类似的其他故障，让学生独立完成，以考核学生的掌握水平。

1.1 远光灯控制系统的组成与工作原理

一、远光灯控制系统的组成

如图 1-8 所示为迈腾远光灯控制系统的组成，从中可以看出，整个系统由车载电网控制单元 J519 集中控制，系统包含灯光旋转开关、车灯变光开关、左前照灯总成、右前照灯总成、转向柱电子装置控制单元 J527、数据总线诊断接口 J533、组合仪表控制单元 J285、车载电网控制单元 J519 等元器件。

任务1 远光灯控制系统及检修

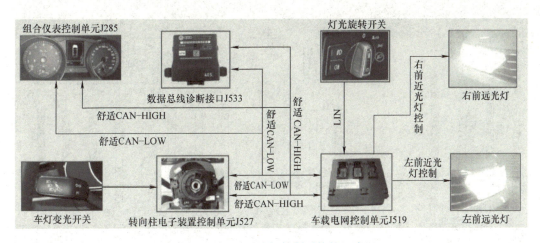

图1-8 迈腾远光灯控制系统的组成

1. 超车灯开关/变光开关

超车灯开关/变光开关安装在转向柱上部左侧转向盘下部的位置（图1-9）。

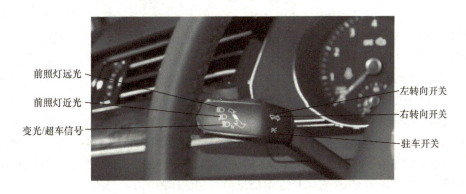

图1-9 迈腾灯光旋转开关

如图1-10所示为迈腾远光灯系统工作原理图，从中可以看出，迈腾变光开关、转向开关和驾驶辅助系统操作按钮为一体。开关之间使用内部连接线束和转向柱电子装置控制单元J527相连。

1）灯光旋转开关旋至近光灯位置时，变光开关向下按动，开关内部接通远光灯控制触点，随即转向柱电子装置控制单元J527接收到远光灯开启的模拟信号，控制单元J527将这一个模拟信号转换为数字信号，通过舒适系统CAN总线将数据发给车载电网控制单元J519和组合仪表控制单元J285，J519点亮远光灯，J285点亮其指示灯。

2）任何时候变光开关向上拉动，开关内部接通超车灯控制触点，随即转向柱电子装置控制单元J527接收到超车灯开启的模拟信号，控制单元J527将这一个模拟信号转换为数字信号，通过舒适系统CAN总线将数据发给车载电网控制单元J519和组合仪表控制单元J285，J519点亮远光灯，J285点亮其指示灯。

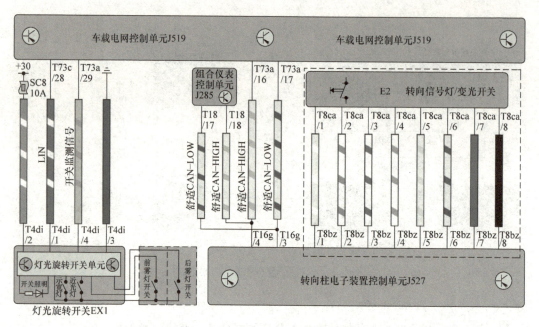

图 1-10 迈腾远光灯系统工作原理图

2. 转向柱电子装置控制单元 J527

如图 1-11 所示为迈腾转向柱电子装置控制单元线路连接图,从中可以看出,转向柱电子装置控制单元 J527 将左转向、右转向、变光、超车、喇叭按钮、刮水器开关(高速、低速、间歇)、刮水器洗涤、刮水器速度等开关的模拟信号转换为数字信号,通过舒适 CAN 总线传递给车载电网控制单元 J519 和组合仪表控制单元 J285;将巡航开启、巡航加速、巡航减速、升档、减档等信号转换为数字信号,通过舒适 CAN 总线传递给数据总线诊断接口 J533,再通过驱动 CAN 总线传递给发动机控制单元 J623 及变速器机电装置 J743;将音量增加、音量减小、免提电话等信号转换为数字信号,通过舒适 CAN 总线传递给数据总线诊断接口 J533,再将这些信息通过娱乐 CAN 总线传递给信息显示和操作控制单元 J685。

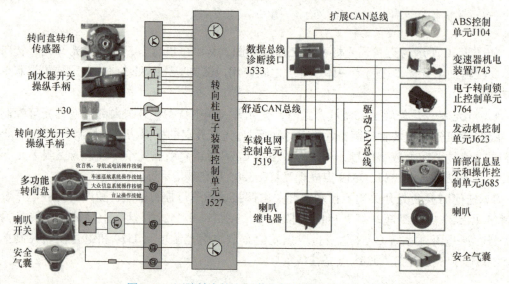

图 1-11 迈腾转向柱电子装置控制单元线路连接图

3. 车载电网控制单元 J519

迈腾车身电源采用车载电网控制单元 J519（图1-12）集中进行管理，它接收各个开关的输入信号，通过电源统一分配和管理输入和输出信号，节省空间以及线路长度和元器件数量；采用集中电源管理方式，通过数据通信、数字信号的控制模式，大大提高了系统的可靠性、耐用性、便利性以及环保性；对电能进行动态能量管理（负荷管理），避免由于大的电量消耗使电量供应出现停止，同时在过大的周期性负载之前保护蓄电池。

图1-12　迈腾车载电网控制单元 J519

对于灯光控制系统而言，J519 为了确保蓄电池有足够的电能使发动机顺利起动和正常运转，还会根据蓄电池电压、发动机转速、发电机的 DFM 信号，对用电负载（电能）进行管理。在保证安全行驶的前提下，适当的关闭舒适功能的用电设备，并对这些功能控制进行监测。

J519 的主要功能包括：

1）外部灯光控制。

2）舒适灯光控制（离家、回家）。

3）刮水器控制。

4）清洗泵控制。

5）指示灯控制。

6）负荷管理。

7）内部灯光控制。

8）后风窗加热。

9）端子控制。

10）燃油泵预供油控制。

11）控制、管理状态监测。

4. 迈腾前照灯总成（远光灯）

迈腾为了节省电能以及增加远光灯与超车灯的亮度，左、右远光灯与超车灯照明均采用 LED（发光二极）单元照明的方式（图1-13）。

发光二极管简称为 LED。由含镓（Ga）、砷（As）、磷（P）、氮（N）等的化合物制成。当电子与空穴复合时能辐射出可见光，因而可以用来制成发光二极管。在线路及仪器中作为指示灯，或者组成文字或数字显示。砷化镓二极管发红光，磷化镓二极管发绿光，碳化硅二极管发黄光，氮化镓二极管发蓝光。

发光二极管可分为普通单色发光二极管、高亮度发光二极管、超高亮度发光二极管、变色发光二极管、闪烁发光二极管、电压控制型发光二极管、红外发光二极管和负阻发光二极管等。

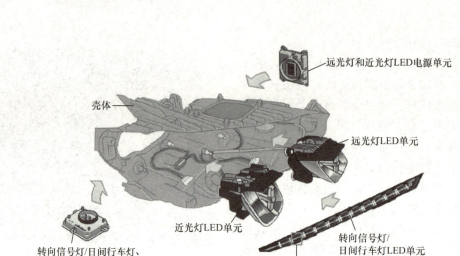

图 1-13 迈腾 LED 前照灯结构

超高亮 LED（图 1-14）可以做成汽车的近光灯、远光灯、制动灯、示宽灯和转向灯，也可用于仪表照明和车内照明，它在耐振动、省电及长寿命方面比白炽灯有明显的优势。尤其用作制动灯，它的响应时间为 60ns，比白炽灯或普通 LED（图 1-15）的 140ms 要短许多，在典型的高速公路上行驶，会增加 4~6m 的安全距离。

图 1-14 超高亮 LED（贴片式）

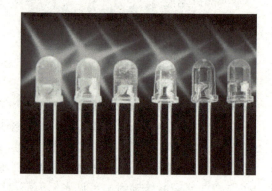

图 1-15 普通 LED

从迈腾远光灯 LED 单元主要部件图（图 1-16）上可以看出。远光灯 LED 单元只有一个带散热体的 LED 单元。该 LED 单元带有两个多晶 LED 发光单元，每个发光单元各包括两个 LED。用于在接通远光灯时切换到远光灯。LED 单元上的多晶 LED 发光单元串联接通，由远光灯和远光灯电源单元供电。此 LED 电源单元接收开启/关闭命令（接线端 56a），并直接由车载电网控制单元 J519 为照明系统供电。

任务1 远光灯控制系统及检修

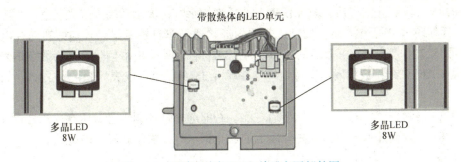

图1-16 迈腾远光灯LED单元主要部件图

像远光灯LED单元1一样（图1-17），在LED单元上安装有一个起到温度传感器作用的NTC电阻，用以监控LED温度并相应减少电流供应。

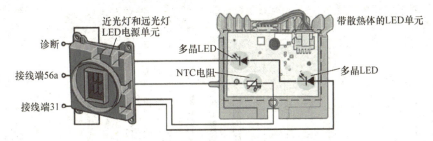

图1-17 迈腾远光灯LED单元线路连接

二、迈腾远光灯工作过程

1）灯光旋转开关旋至近光灯位置时，变光开关向下按动，开关内部接通远光灯控制触点，随即转向柱电子装置控制单元J527接收到远光灯开启的模拟信号，控制单元J527将这一个模拟信号转换为数字信号，通过舒适系统CAN总线将数据发给车载电网控制单元J519和组合仪表控制单元J285，如图1-18所示。

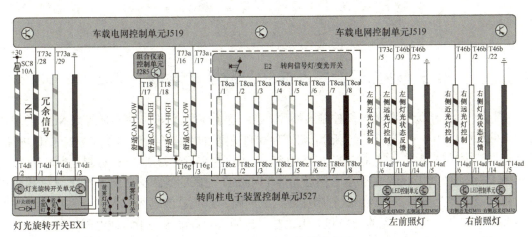

图1-18 迈腾远光灯控制线路图

① J519接收到此信号后，分别接通左前、右前远光灯控制信号，所有远光灯点亮。

— 11 —

② J285 接收到此信号后，点亮仪表上的远光指示灯，提示驾驶人灯光状态。

2）任何时候变光开关向上拉动，开关内部接通超车灯控制触点，随即转向柱电子装置控制单元 J527 接收到超车灯开启的模拟信号，J527 将这一个模拟信号转换为数字信号，通过舒适系统 CAN 总线将数据发给车载电网控制单元 J519 和组合仪表控制单元 J285，如图 1-19 所示。

① J519 接收到此信号后，分别接通左前、右前远光灯控制信号，所有远光灯点亮。
② J285 接收到此信号后，点亮仪表上的远光指示灯，提示驾驶人灯光状态。

松开变光开关，左前、右前远光灯和仪表上的远光指示灯熄灭。

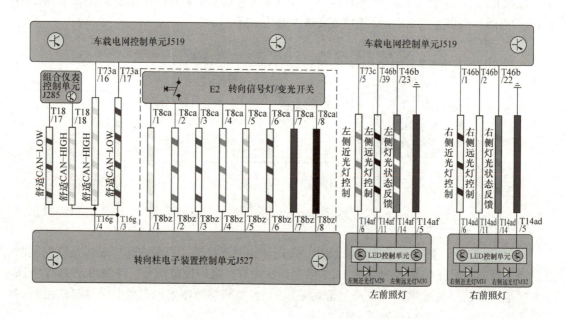

图 1-19　迈腾超车灯控制线路图

1.2　远光灯控制系统常见故障的诊断与排除

如图 1-20 所示为迈腾远光灯控制线路原理图，从中可以看出，左侧远光灯 M30 的工作由 J519 通过其 T46b/39 端子至左侧远光灯 T14af/11 之间的线路给左侧远光灯 M30 提供电源，再通过左侧远光灯的 T14af/5 管脚接地构成回路，点亮左侧远光灯 M30；右侧远光灯 M32 的工作由 J519 通过其 T46b/2 端子至右侧远光灯 T14ad/11 之间的线路给右侧远光灯 M32 提供电源，再通过右侧远光灯的 T14ad/5 管脚接地构成回路，点亮右侧远光灯 M32。系统为了更好地监测和控制左、右侧灯光的开启和关闭，左、右侧远光灯电源均由车载电网控制单元 J519 提供并控制。

任务1 远光灯控制系统及检修

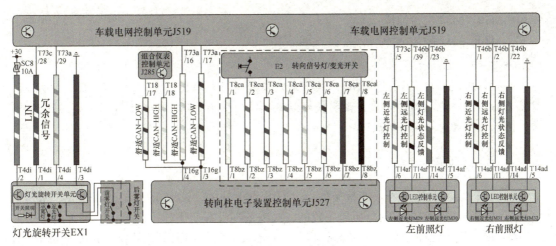

图 1-20 迈腾远光灯控制线路原理图

> **注意：**
> 1）对于迈腾灯光控制系统而言，控制单元对很多灯泡都具有热监控的功能，当发现灯泡无法正常工作的时候，控制单元不会继续输出电压信号，因此对具有热监控功能的灯泡进行测量时，一定要先链接测试设备，再打开相应的控制开关，然后进行测量，否则很可能会招致错误的测试结果。
> 2）当执行器出现故障的时候，其控制的系统或功能往往出现异常，技术人员也很容易"观察"到执行器的工作状态。而对于执行器工作出现异常的故障分析，除了元器件本身原因以外，就是其工作线路（包括正极和负极）出现故障。为了尽快区分是元器件故障还是线路故障，最好的方法是在执行器应该工作的状态下用万用表或示波器测量执行器两端的电压信号，如果信号正常而执行器没有工作，应首先考虑执行器是否正常；如果信号异常，就要进一步诊断是正极线路故障还是负极线路故障。但是有些用电器是和别的用电器共用电源或接地线路，而且两个用电器之间的电源或接地线路很短，在这种情况下，可以借助与其共用电源或接地线路的元器件的工作状态来判断电源或接地线路是否正常，如果正常则可以直接测量用电器另外一端的电压信号来判定元器件或线路是否存在故障。

一、故障现象

操作超车灯开关，前侧两个远光灯均不点亮，但仪表上的远光指示灯正常点亮；打开点火开关，仪表显示"请检查前照灯"，操作灯光旋转开关到近光灯档位，近光灯正常，接着操作变光灯开关，前侧两个远光灯均不点亮，但仪表上的远光指示灯正常点亮。

二、故障分析

在操作超车灯及变光灯开关时，仪表上的远光指示灯均正常点亮，而两个远光灯均不点亮，加之仪表显示"请检查前照灯"的故障提示，说明 J519 接收到了超车灯、车灯旋转开关及变光灯开关的信号，远光灯不亮的原因就在于：

1）J519 的故障。
2）J519 与 M30、M32 之间的线路故障。

3）M30、M32自身故障。

4）M30、M32接地故障。

> 注意：
> 由于该灯泡和近光灯合用接地线路，所以在诊断时应考虑近光灯的工作状况，如果合用接地的两个灯泡均工作异常，说明接地线路故障的概率较高；如果只是远光灯泡工作异常，则暂时不考虑接地线路故障。

三、诊断过程

第一步：读取故障代码。连接解码器，打开点火开关，读取J519的故障记忆，故障代码提示前照灯异常，和之前的分析是一致的，故障范围没有变化。

第二步：执行元件诊断。连接解码器，打开点火开关，用解码器的执行元件驱动功能让所有灯光点亮，如果可以正常点亮，说明J519自身存在故障；如果还是不能点亮，那故障范围没有变化。

第三步：M30、M32电源对地电压的测量。选择以下三种方法之一操作车辆，用万用表或示波器测量操作开关时M30的T14af/11、M32的T14ad/11端子对地电压，正常情况下，应测得0V~+B的电压变化，否则说明故障存在，可以参照表1-2的方法进行诊断。

1）操作超车灯开关。

2）打开点火开关，旋转灯光旋转开关到近光灯档位，接着操作变光灯开关。

3）用解码器的执行元件诊断功能打开所有灯光。

表1-2 远光灯供电端对地电压测试

可能性	实测结果	状态	操作
1	0V~+B	正常	考虑检查接地或更换前照灯
2	0V	异常	说明前照灯供电异常，可能原因为：J519自身故障、J519到前照灯之间线路断路或虚接故障。可进一步检查J519的输出
3	0V到0.1V~+B间的某个值	异常	说明前照灯供电异常，可能原因为：J519自身故障、J519到前照灯之间线路虚接故障。可进一步检查J519的输出

实测结果为M30的T14af/11端子对地电压为0V，M32的T14ad/11端子对地电压为0.8V。

第四步：J519输出信号的测量。选择和上步相同的方法操作车辆，用万用表或示波器测量操作开关时J519的T46b/39、T46b/2端子对地电压，正常情况下，应测得0V~+B的电压变化，否则说明故障存在，可以参照表1-3的方法进行诊断。

表1-3 J519输出端对地电压测试

可能性	实测结果	状态	可能原因	操作
1	0V~+B	正常	如果上步测量为0V，说明J519与远光灯间线路断路 如果上步测量为0V到0V~+B间的某个值，说明J519与远光灯间线路虚接	检查信号线路的导通性
2	0V	异常	J519故障（局部） J519与远光灯间线路对地短路，J519基于过流保护中断电源供给	检查控制信号线路对地电阻
3	0V到0.1V~+B间的某个值	异常	J519局部故障	更换J519

实测结果为 J519 的 T46b/39 端子对地电压为 0V，T46b/2 端子对地电压为 0V~+B。

第五步：M30 控制信号线路对地电阻的测量。关闭点火开关，断开左侧远光灯 T14af 与控制单元 J519 的 T46b 插接器，用万用表测量 M30 控制信号线路对地电阻，测试结果应无穷大，否则说明故障存在，可以参照表 1-4 的方法进行诊断。

表 1-4　左侧远光灯 T14af/11 端子线路对地电阻测试

步骤	测试部位	实测结果	状态	可能原因	操作
1	测量左侧远光灯 T14af 插接器端的 T14af/11 端子对地电阻	无穷大	正常	—	转本表第 2 步
		近乎为零	异常	线路对地短路	维修线路
2	连接 J519 的 T46b 插接器，测量左侧远光灯的 T14af/8 端子对地电阻	很大阻值	正常	—	转本表第 3 步
		近乎为零	异常	J519 内部对地短路	更换 J519
3	连接左侧远光灯 T14af 插接器，测量左侧远光灯的 T14af/8 端子对地电阻	较大阻值	正常	—	维修结束
		小于 2Ω	异常	右后倒车灯内部对地短路	维修更换右后倒车灯总成

实测结果：M30 控制信号线路对地电阻为 0V，说明信号线路对地短路，恢复故障后左前远光灯工作恢复正常。

第六步：M32 控制信号线路导通性的测量。关闭点火开关，拔下左侧远光灯和 J519 插接器，该导线端对端电阻应近乎为 0Ω，否则说明故障存在，可以参照表 1-5 的方法进行诊断。

表 1-5　J519 的 T46b/2 端子与右侧远光灯 T14af/11 端子间线路的导通性测试

可能性	实测结果	状态	可能原因	操作
1	近乎为 0Ω	正常	线束插接器故障	检修插接器
2	无穷大	异常	M32 与 J519 间线路断路	检修线路
3	大于 2Ω	异常	M32 与 J519 间线路虚接	

实测结果导线两端电阻为 1000Ω，说明电路虚接，恢复故障后右前远光灯依然不亮，但 T14ad/2 能检测到 +B 电压，说明右前照灯及其接地存在故障，优先检查接地。

第七步：右侧远光灯电源负极检查。在任何工况条件下，用万用表测量左侧远光灯的 T14af/5 端子对地电压，测试结果应小于 0.1V，否则说明故障存在，可以参照表 1-6 的方法进行诊断。

表 1-6　远光灯的 T14af/5 端子对地电压测试

可能性	实测结果	状态	可能原因	操作
1	0V	正常	在灯光工作异常时考虑右侧远光灯的 LED 或卤素灯泡故障	更换总成或卤素灯泡
2	0.1V~+B 间	异常	接地线路虚接	检修线路
3	+B	异常	接地线路断路	检修线路

实测结果为 11.8V，说明电路虚接，端对端测试电阻为 1000Ω，恢复故障后右前远光灯正常点亮，所有故障排除。

四、机理分析

由于 M30 控制信号电路对地短路，造成 J519 针对 M30 的控制信号输出受限，导致 M30 不能获得电源而无法工作；由于 M32 控制信号、接地线路虚接，造成 M32 不能获得足够电源而无法工作。

练习题：请指导老师在故障列表 1-7 中选择合适的故障点，要求学生完成并填写诊断报告。

表 1-7 远光灯点亮异常的常见故障

序号	故障性质
1	M30、M32 的 LED 或灯泡损坏
2	M30、M32 的供电线路断路或虚接
3	M30、M32 的供电线路对地短路
4	M30、M32 的接地线路断路或虚接
5	车载电网控制单元 J519 局部损坏（远光灯控制）

任务 2
近光灯控制系统及检修

一、任务描述

迈腾近光灯控制系统常见的、稳定的故障现象有四种:
1) 灯光旋转开关开至近光灯档位,所有近光灯不亮。
2) 灯光旋转开关开至近光灯档位,一侧近光灯不亮。
3) 灯光旋转开关开至近光灯档位,某近光灯亮度不够。
4) 打开点火开关、示宽灯或后雾灯时,所有近光灯常亮。

二、任务分析

要想完成以上故障的诊断与排除,需要具备以下知识和技能。

1. 相关知识

1) 汽车灯光系统的总述。
2) 汽车前照灯系统的认知和检测。
3) 迈腾网络总线系统。
4) 迈腾近光灯控制系统的组成及工作原理,如图 2-1 所示。

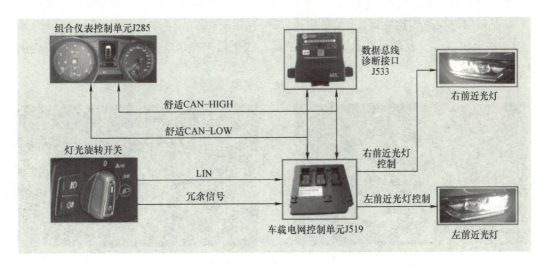

图 2-1 迈腾近光灯控制系统的组成及工作原理

— 17 —

2. 相关技能

1）万用表、示波器、解码器等常见设备的使用。
2）维修资料的查阅、线路原理图的识读和分析。
3）常见故障的诊断与排除。
4）5S 管理和操作。

三、故障分析

1. 初步分析

1）用正确的方法检测 +B，确保 +B 满足车辆要求。
2）将点火开关置于 ON 位置，观察仪表（图 2-2）显示是否正常。
如果仪表显示异常信息。就需要结合线路图、维修手册先排除仪表显示异常的故障。
3）接着观察前照灯是否异常。
在打开点火开关后观察近光灯是否异常点亮，观察仪表是否显示异常信息，如果前照灯亮起，说明车载电网控制单元 J519 在自检过程中没有接收到正确的来自灯光旋转开关的信息，所以将会采取保护措施点亮近光灯。这就需要对灯光旋转开关的电源、开关本身、LIN 总线进行检测和检查。
4）旋转灯光旋转开关至近光灯位置（图 2-3），观察前部左、右近光灯是否点亮。
如果左、右近光灯全未点亮，则可能存在以下故障的一个或多个：
① 灯光旋转开关单元本身、供电线路故障。
② 灯光旋转开关单元与 J519 之间线路故障。
③ J519 本身、供电线路故障。
如果只是某一侧近光灯未点亮，则可能存在以下故障的一个或多个：
① J519 某前近光灯控制故障。
② J519 至某前近光灯控制信号线路故障。
③ 某前照灯自身故障。
④ 某前照灯接地线路故障。
5）接上步观察仪表是否提示灯光系统故障，如果仪表提示灯光系统故障，根据仪表提示进行检查和维修。

图 2-2　迈腾仪表灯光系统

图 2-3　迈腾近光灯开启

任务 2　近光灯控制系统及检修

2. DTC 分析

现在汽车一般都具有自诊断功能，即使通过故障现象可以明确故障范围，但也最好首先读取故障记忆，因为这特别有利于快速发现故障。如果有故障代码，应清楚故障代码的定义和生成条件，并基于此展开诊断和故障检修；如果没有故障代码，则基于系统的结构和工作原理进行系统诊断。

3. 无码分析

如果没有故障代码显示，那就需要技术人员结合故障现象，分析系统线路图（图2-4），列举故障可能，并按照正确的流程、利用合适的测试设备、进行正确的测量，从而发现故障所在。

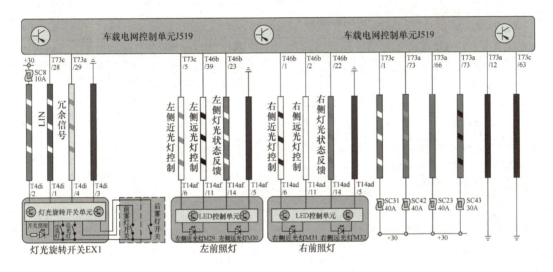

图 2-4　迈腾近光灯控制线路图

四、诊断流程

面对汽车灯光系统所发生的各种故障，诊断及处理失误将给企业和个人造成相当大的损失。正确的诊断及处理，不可能来自于盲目的主观臆断，而应该建立在获取与故障有关信息的基础上，依据迈腾灯光系统、CAN 总线系统的工作原理以及控制结构，运用科学的分析方法，按照合理的步骤进行综合分析，去伪存真、舍次取主，排除故障受害者，找出故障肇事者，这才是提高故障诊断准确性的关键所在。为了便于分析，不至于被众多杂乱无章的信息扰乱思路，需要结合线路原理图，遵从以下流程进行诊断维修。

迈腾近光灯异常诊断流程见表 2-1。

表 2-1　迈腾近光灯异常诊断流程

流程	操作	结果	备注
1	确认 +B 大于 11.5V	正常转至步骤 2	不正常给蓄电池充电或更换	确保蓄电池正负极接头连接牢靠，不脏污
2	打开点火开关至 ON 档，仪表显示应正常点亮；前照灯应没有点亮	正常转至步骤 3	仪表显示不正常结合线路图、手册维修仪表显示异常故障	如果前照灯点亮则检查灯光旋转开关电源、LIN 总线通信线路

（续）

流程	操作	结果		备注
3	灯光旋转开关旋至近光灯挡位，前照灯左、右近光正常亮起	正常转至步骤4	不正常转至步骤5	检查异常部位时首先对插接器进行检查
4	观察仪表上没有外部灯光故障提示	正常转至步骤10	有提示转至步骤5	
5	连接故障诊断仪器，读取故障代码	正常读取，转至步骤6	无法读取故障代码，转至步骤7；无故障代码转至步骤8	
6	根据实施维修里故障代码进行诊断、维修	正常转至步骤9		
7	检测 OBD-II 诊断接口及相关线路	正常转至步骤5	执行"OBD-II 诊断接口"诊断	使用连线时，如果解码器不亮或者使用无线传输方式时怀疑无线单元不能通信时进行该诊断
	检测舒适 CAN 通信		执行"舒适 CAN 通信"诊断	
8	插接器检查	正常转至步骤9	不正维修故障部位	包括外观、退针、锈蚀等项目
	结合维修手册、线路图对所有雾灯控制、接地线路、进行电压、通断测量			测量项目包括对地电压、电阻和端对端电阻
9	故障检验	正常转至步骤10	不正常转至步骤5	
10	维修完成			

五、实施维修

1. 根据故障代码提示进行维修

利用解码器读取故障代码，按照本资源库中提供的针对每个故障代码制定的诊断流程进行故障诊断。

2. 线路检测

根据系统的结构原理，对灯光旋转开关、车载电网控制单元、数据总线诊断接口、左前近光灯、右前近光灯等线路进行检测，检测方法参照本资源库的相关内容。

3. 部件检测

根据系统的结构原理，对灯光旋转开关、车载电网控制单元、数据总线诊断接口、左前近光灯、右前近光灯等元器件进行检测，检测方法参照本资源库的相关内容。

六、总结拓展

技术报告：参照高职大赛工作页完成诊断报告，教师应根据需要设置好故障点，也可根据本课件中提供的实际案例制定标准答案。

拓展实训：教师可以在车辆上给学生设置相类似的其他故障，让学生独立完成，以考核学生的掌握水平。

2.1 近光灯控制系统的组成及工作原理

一、迈腾近光灯控制系统的组成

迈腾近光灯控制系统通过车载电网控制单元 J519 集中控制，主要包含以下元器件：灯光旋转开关、车载电网控制单元 J519、左前照灯总成、右前照灯总成、数据总线诊断接口 J533、组合仪表控制单元 J285，如图 2-5 所示。

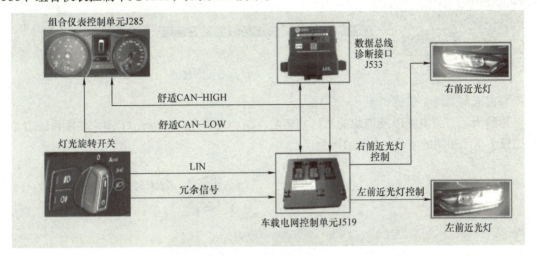

图 2-5　迈腾近光灯控制系统的组成

1. 灯光旋转开关

灯光旋转开关安装在转向柱左侧仪表台偏下的位置，如图 2-6 所示，灯光旋转开关主要由以下部分组成：

1）灯光旋转开关。
2）后雾灯开关。
3）前雾灯开关。

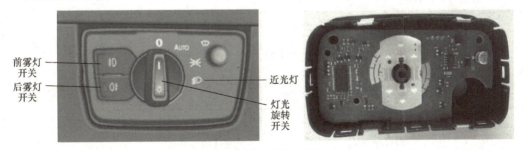

图 2-6　灯光旋转开关

从灯光旋转开关工作原理图（图 2-7）上可以看出。灯光旋转开关旋至近光灯位置时，灯光旋转开关单元接收到近光灯开启信号，单元将接收到的模拟电压信号转换为数字信号，通过开关 LIN 总线将此信号发送至车载电网控制单元 J519。

当 LIN 总线因为故障而无法传递信号时，系统可以采用 EX1 的 T4di/4 端子与 J519 之间的线路传递机械开关（示宽灯、近光灯）的信号，此时雾灯开关的信号无法进行传递，所以雾灯控制会失效。

图 2-7　迈腾灯光旋转开关工作原理图

2. 前照灯总成（近光灯）

迈腾为了节省电能以及增加前照灯的亮度，左、右近光灯和远光灯照明均采用 LED（发光二极）单元照明的方式，如图 2-8 所示。

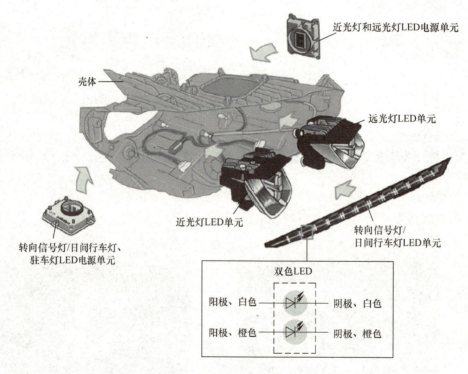

图 2-8　迈腾 LED 前照灯结构

二、近光灯控制系统工作过程

从迈腾近光灯控制线路图（图 2-9）上可以看出。灯光旋转开关旋至近光灯位置时，灯光旋转开关单元接收到近光灯开启信号，单元将接收到的模拟电压信号转换为数字信号，通过开关 LIN 总线将此信号发送至车载电网控制单元 J519。控制单元 J519 接收到此信号后，分别接通左前、右前近光灯控制信号,所有近光灯点亮。

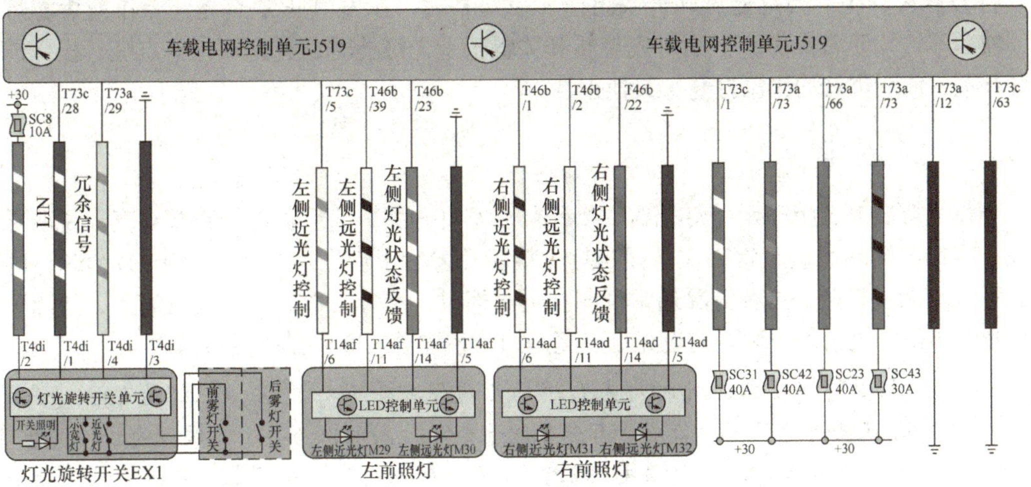

图 2-9　迈腾近光灯控制线路图

2.2　近光灯控制系统常见故障的诊断与排除

从迈腾近光灯控制线路原理图（图2-10）上可以看出,系统为了更好地监测和控制左、右侧近光灯泡的开启和关闭,左、右侧近光灯电源均由车载电网控制单元J519提供并控制。左侧近光灯M29的工作是由J519通过其T73c/5端子与左侧近光灯T14af/6端子之间的线路提供正极电源,再通过端子T14af/5接地构成回路,点亮左侧近光灯M29；右侧近光灯M31的工作是由J519通过其T46b/1端子与右侧近光灯T14ad/6端子之间的线路提供正极电源,再通过端子T14ad/5接地构成回路,点亮右侧近光灯M31。

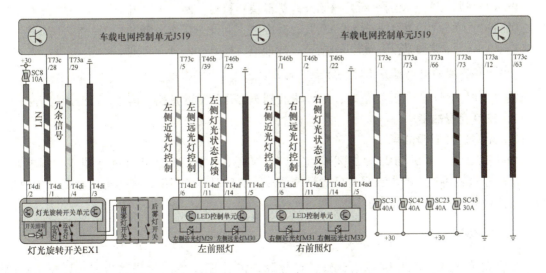

图 2-10　迈腾近光灯控制线路原理图

一、故障现象

打开点火开关，当灯光旋转开关置于示宽灯档时，示宽灯正常点亮，操作前后雾灯开关，前后雾灯均正常点亮；但当灯光旋转开关置于近光灯档时，近光灯正常点亮，操作前后雾灯开关，前后雾灯均无法打开，其他正常。

二、故障分析

当灯光旋转开关置于示宽灯档时，操作前后雾灯开关，前后雾灯均正常点亮，说明雾灯开关及雾灯电路均可以正常工作。而当灯光旋转开关置于近光灯档时，操作前后雾灯开关，前后雾灯均无法打开，这种情况通常说明在近光档时，雾灯工作的条件没有满足，故障可能在近光灯档位开关信号，而右前近光灯点亮是因为系统进入应急保护运行模式。

注意：在迈腾轿车上，针对灯光系统的应急保护有两种情况，一种是EX1内部的TFL、56、58在任何情况下，必须只有一个端子电压为高电位，否则系统就会进入应急保护模式，另外一种是当后雾灯开关打开时，前雾灯开关也必须有正常打开时的信号输出，否则也会进入应急模式。

如果系统能够提示故障代码，就按照故障代码内容进行诊断，如果没有故障代码提示，则一般先排除应急故障，再排除个别故障。

诊断思路：

第一步：读取故障代码：01800，灯光旋转开关EX1不可信信号。

根据故障代码定义，推断开关E1信号输入异常，加之当灯光旋转开关置于近光灯档时，右前近光灯点亮，操作前后雾灯开关，前后雾灯均无法打开，说明灯光系统进入应急模式，进一步验证了之前的分析是正确的。

第二步：检查车灯开关信号输入是否正常。

打开点火开关，将灯光旋转开关旋转至示宽灯、近光灯档位，用解码器读取相关数据流，显示如下：

09-49/1（灯开关）接通→断开→断开；标准值：接通→断开→断开。
09-49/2（示宽档）断开→接通→断开；标准值：断开→接通→断开。
09-49/3（近光档）断开→断开→断开；标准值：断开→断开→接通。

注意：不同的解码器显示的内容会有差异。

测试发现，当打开近光档位时，J519未收到车灯开关（近光档）信号，可能原因为：

1）J519自身故障。
2）开关EX1自身故障。

由于EX1开关单元与J519之间采用LIN总线通信技术，加之EX1属于集成控制单元，无法进一步进行拆检，所以在只有近光灯档位故障的情况下，只能优先考虑更换EX1。更换后，故障排除，系统恢复正常。

三、故障机理

由于灯光旋转开关EX1内近光灯档位故障，造成EX1单元无法感知近光灯开关的信号，因而无法向 J519 传送准确的开关信号，所以系统起动应急模式，让近光灯异常点亮；同时当操作雾灯开关时，由于没有近光灯档位信号，所以不具备雾灯工作的条件，雾灯不能正常工作。

练习题：请指导老师在故障列表 2-2 中选择合适的故障点，要求学生完成并填写诊断报告。

表 2-2　左、右侧近光灯点亮异常的常见故障

序号	故障性质
1	M29、M31 的 LED 或卤素灯灯泡损坏
2	M29、M31 的供电线路断路或虚接
3	M29、M31 的供电线路对地短路
4	M29、M31 的接地线路断路或虚接
5	EX1 的 LIN 总线断路、虚接、对正极短路、对正极虚接、对接地短路、对接地虚接、和冗余信号线路互相短路

任务 3
示宽灯控制系统及检修

一、任务描述

迈腾示宽灯运行常见的、稳定的故障现象有两种：
1）灯光旋转开关开至示宽灯档位，所有示宽灯不亮。
2）灯光旋转开关开至示宽灯档位，某一个示宽灯不亮。

二、任务分析

要想完成以上故障的诊断与排除，需要具备以下知识和技能。

1. 相关知识

1）汽车灯光系统的总述。
2）汽车示宽灯系统的认知和检测。
3）迈腾网络总线系统。
4）迈腾示宽灯控制系统运行原理（图3-1）。

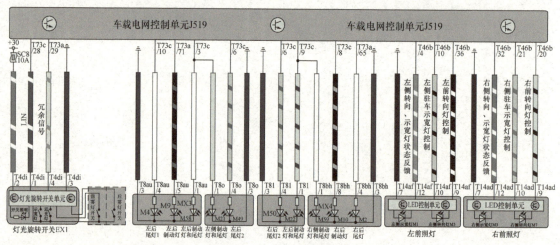

图 3-1 迈腾示宽灯控制线路图

2. 相关技能

1）万用表、示波器、解码器等常见设备的使用。
2）维修资料的查阅、线路原理图的识读和分析。

3）常见故障的诊断与排除。
4）5S 管理和操作。

三、故障分析

1. 初步分析

1）用正确的方法检测 +B，确保 +B 满足车辆要求。
2）将点火开关置于 ON 位置，观察仪表显示是否正常。
如果仪表显示异常（图 3-2），就需要结合线路图、维修手册先排除仪表显示异常的故障。

图 3-2　迈腾仪表灯光故障提示

3）接着将旋转灯光旋转开关至示宽灯位置（图 3-3），观察仪表上氛围灯、门窗玻璃升降器开关、音响面板、变速杆 E313 面板、空调控制面板指示灯等是否点亮。

图 3-3　迈腾车内开关照明灯正常点亮

如果上边全部显示异常，则可能存在以下故障的一个或多个：
① 灯光旋转开关本身、供电及线路损坏。
② 车载电网控制单元 J519 本身、供电及线路损坏。
如果上边某一项显示异常，则根据该灯的控制原理分析，可能存在以下故障的一个或多个：
① 舒适 CAN 总线故障。
② 驱动 CAN 总线故障。
③ 信息娱乐 CAN 总线故障。
④ LIN 总线故障（局部）。

⑤ 对应的控制单元电源、自身故障。
⑥ 指示灯故障。

4）接上步观察仪表是否提示示宽灯系统故障。

如果此时仪表提示外部示宽灯故障，说明 J519 一定是接收到了灯光旋转开关的信号并作出自检动作，那造成仪表显示故障的原因可能是：

① J519 至某个示宽灯的信号线故障。
② 某示宽灯自身故障。
③ 某示宽灯接地线路故障。

5）接着观察前部左、右示宽灯（图 3-4）是否正常点亮。

图 3-4　迈腾前部左、右示宽灯点亮

如果某示宽灯全部不亮，则可能存在以下故障的一个或多个：

① J519 自身故障。
② J519 至某示宽灯的控制线路故障。
③ 某示宽灯自身故障。
④ 某示宽灯接地线路故障。

6）接着观察后尾灯总成中的左、右示宽灯（图 3-5）是否正常点亮。

图 3-5　迈腾后部左、右示宽灯点亮

如果某示宽灯全部不亮，则可能存在以下故障的一个或多个：

① J519 自身故障。
② J519 至某示宽灯的控制线路故障。
③ 某示宽灯自身故障。
④ 某示宽灯接地线路故障。

2. DTC 分析

现在汽车一般都具有自诊断功能，即使通过故障现象可以明确故障范围，但也最好首先读取故障记忆，因为这特别有利于快速发现故障。如果有故障代码，应清楚故障代码的定义和生成条件，并基于此展开诊断和故障检修；如果没有故障代码，则基于系统的结构和工作原理进行系统诊断。

3. 无码分析

如果没有故障代码显示,那就需要技术人员结合故障现象,分析系统线路图,列举故障可能,并按照正确的流程、利用合适的测试设备、进行正确的测量,从而发现故障所在。

四、诊断流程

面对汽车灯光系统所发生的各种故障,诊断及处理失误将给企业和个人造成相当大的损失。正确的诊断及处理,不可能来自于盲目的主观臆断,而应该建立在获取与故障有关信息的基础上,依据迈腾灯光系统、CAN总线系统的工作原理以及控制结构,运用科学的分析方法,按照合理的步骤进行综合分析,去伪存真、舍次取主,排除故障受害者,找出故障肇事者,这才是提高故障诊断准确性的关键所在。为了便于分析,不至于被众多杂乱无章的信息扰乱思路,需要结合线路原理图,遵从以下流程进行诊断维修。

迈腾示宽灯异常诊断流程,见表3-1。

表3-1 迈腾示宽灯异常诊断流程

流程	操作	结果		备注
1	确认+B大于11.5V	正常转至步骤2	不正常给蓄电池充电或更换	确保蓄电池正负极接头连接牢靠,不脏污
2	打开点火开关至ON档,仪表显示应正常点亮;前照灯没有点亮	正常转至步骤3	仪表显示不正常结合线路图、手册维修仪表显示异常故障	如果前照灯点亮则检查灯光旋转开关电源、LIN总线通信线路
3	灯光旋转开关旋至示宽灯档位,仪表、车内开关、空调面板、音响面板、变速杆E313面板等指示灯正常亮起	不正常转至步骤4	如果只是个别指示灯异常,结合线路图、手册排除个别指示灯异常故障	检查异常部位时首先对插接器进行检查
4	观察仪表上是否外部灯光故障提示	无提示转至步骤5	有提示结合线路图、维修手册对提示部位进行检查和维修	检查异常部位时首先对插接器进行检查
5	观察所有外部示宽灯正常点亮	正常转至步骤11	异常转至步骤6	
6	连接故障诊断仪器,读取故障代码	正常读取,转至步骤7	无法读取故障代码,转至步骤8 无故障代码转至步骤9	
7	根据实施维修里故障代码进行诊断、维修	正常转至步骤9		
8	检测OBD-II诊断接口及相关线路	正常转至步骤6	执行"OBD-II诊断接口"诊断	使用连线时,如果解码器不亮或者使用无线传输方式时怀疑无线单元不能通信时进行该诊断
	检测舒适CAN总线通信		执行"舒适CAN总线通信"诊断	
9	插接器检查	正常转至步骤10	不正常维修故障部位	包括外观、退针、锈蚀等项目
	结合维修手册、线路图对所有示宽灯控制、接地线路进行电压、通断测量			测量项目包括对地电压、电阻和端对端电阻
10	故障检验	正常转至步骤11	不正常转至步骤6	
11	维修完成			

五、实施维修

1. 根据故障代码提示进行维修

利用解码器读取故障代码，按照本资源库中提供的针对每个故障代码制定的诊断流程进行故障诊断。

2. 线路检测

根据系统的结构原理，对灯光旋转开关、车载电网控制单元、数据总线诊断接口、所有示宽灯等线路进行检测，检测方法参照本资源库的相关内容。

3. 部件检测

根据系统的结构原理，对灯光旋转开关、车载电网控制单元、数据总线诊断接口、所有示宽灯等元器件进行检测，检测方法参照本资源库的相关内容。

六、总结拓展

技术报告：参照高职大赛工作页完成诊断报告，教师应根据需要设置好故障点，也可根据本课件中提供的实际案例制定标准答案。

拓展实训：教师可以在车辆上给学生设置相类似的其他故障，让学生独立完成，以考核学生的掌握水平。

3.1 示宽灯控制系统的组成和工作原理

一、示宽灯控制系统的组成

迈腾示宽灯控制系统通过车载电网控制单元J519集中控制，如图3-6所示，系统主要包含灯光旋转开关，车载电网控制单元J519，左、右前照灯总成中的示宽灯，左、右后尾灯总成中的示宽灯，数据总线诊断接口J533，组合仪表控制单元J285，车内各操作开关指示灯。

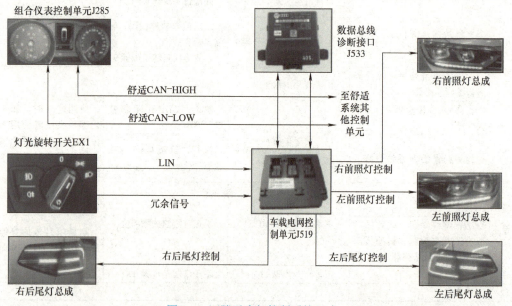

图3-6 迈腾示宽灯控制系统组成

1. 前照灯总成中的示宽灯

前照灯总成中的示宽灯又叫日间示宽灯，安装在前照灯总成的底部，如图3-7所示。该示宽灯用LED制成，其中的双色LED（Bi-Color）灯用于日间示宽灯、驻车灯和转向信号灯。

在"日间示宽灯"功能下，通过100% PWM信号控制13.5V的LED白色部分，在启动转向信号灯的同时，将关闭日间示宽灯。在"驻车灯"功能下，PWM信号将减少10%，因此LED变暗。此时再启动转向信号，则交替启动驻车灯和转向信号灯。

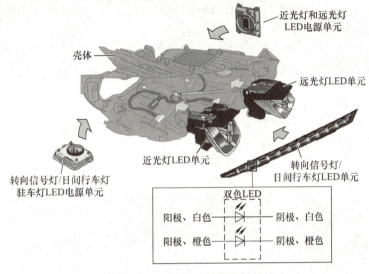

图3-7 迈腾LED前照灯结构

2. LED后尾灯

尾灯中一些LED和LED段位可重复用于照明功能，而尾灯的照明使用下述照明段位，如图3-8所示。

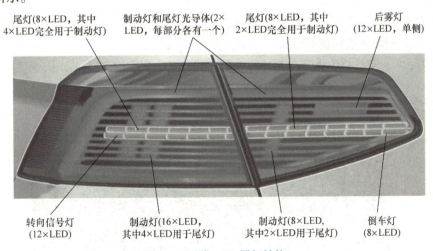

图3-8 迈腾LED尾灯结构

1）固定部分和行李舱盖部分中的光导体2×LED，每部分各一个。

2）固定部分内的横向LED灯组8×LED。

3）行李舱盖部分内的横向LED灯组8×LED。

如果尾灯转换到转向信号灯模式，则尾灯的下述段位继续亮起。

1）固定部分内的光导体和行李舱盖部分 2×LED，每部分一个，如图 3-9 所示。

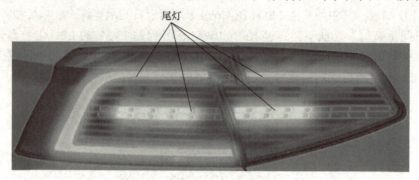

图 3-9　迈腾 LED 尾灯光束

2）行李舱盖部分内的 LED 灯组 8×LED 针对转向信号灯，如图 3-10 所示，现在尾灯固定部分内的 12 个转向信号灯 LED 亮起。

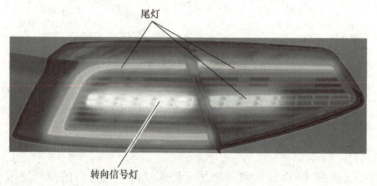

图 3-10　迈腾 LED 尾灯带转向信号灯的光束

对于带有或没有尾灯的示宽灯，固定部分和行李舱盖部分内的光导体亮起（2×LED，每部分一个），同时下述段位亮起。

1）固定部分中的两个纵列灯组 16×LED，其中 4 个变暗的 LED 也用于尾灯，如图 3-11 所示。

2）行李舱盖中的一个纵列灯组 8×LED，其中 2 个变暗的 LED 也用于尾灯。

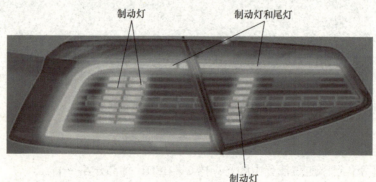

图 3-11　迈腾 LED 示宽灯，带有或没有尾灯的光束

在此的段位作为"光束：带有或没有尾灯的示宽灯"亮起。转向信号灯具有 8 个 LED。两个纵列中的 4 个 LED 用于示宽灯，如图 3-12 所示。

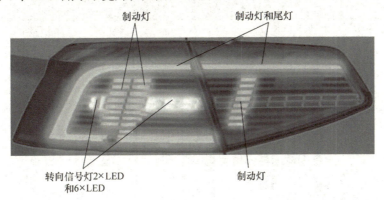

图 3-12　迈腾 LED 示宽灯，带有或没有尾灯和转向信号灯

二、示宽灯控制系统的工作过程

从迈腾外部示宽灯控制线路原理图（图 3-13）、车内氛围灯照明线路原理图（图 3-14）上可以看出，灯光旋转开关旋至示宽灯位置时，灯光旋转开关单元接收到示宽灯开启信号，单元将接收到的模拟电压信号转换为数字信号，通过开关 LIN 总线将此信号发送至车载电网控制单元 J519。控制单元 J519 接收到此信号后，进行以下操作：

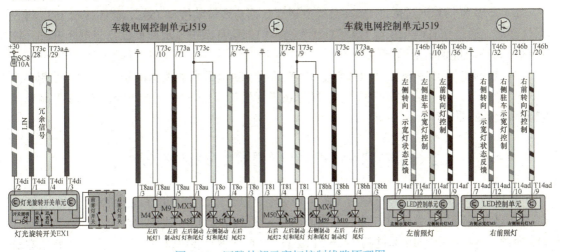

图 3-13　迈腾外部示宽灯控制线路原理图

1）分别接通左前、右前、左后、右后示宽灯控制信号，所有示宽灯点亮。

2）控制单元 J519 将此信号通过舒适 CAN 总线发送至组合仪表控制单元 J285、左侧车门控制单元 J386、右侧车门控制单元 J387、空调控制单元 J255，这些控制单元接收到此信号后接通开关或面板上的照明灯。驾驶人侧车门控制单元 J386、前排乘员侧车门控制单元 J387 通过各自的 LIN 总线将示宽灯开启信号传至左后车门控制单元 J388、右后车门控制单元 J389，后门控制单元分别接通各自开关上的照明指示灯。

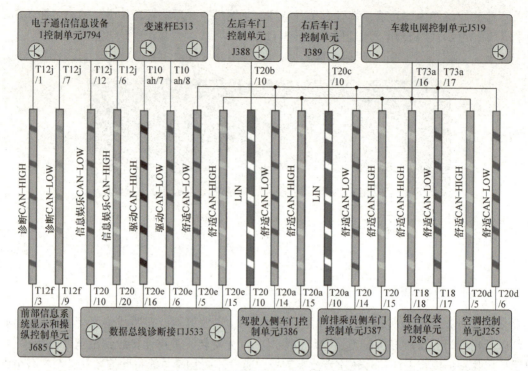

图 3-14　迈腾车内氛围灯照明线路原理图

3) J519 将信号通过舒适 CAN 总线发送至数据总线诊断接口 J533,诊断接口 J533 将数据处理后,通过信息娱乐系统 CAN 总线发送至前部信息系统显示和操纵控制单元 J685,控制单元 J685 点亮面板上的照明灯。

4) 控制单元 J519 将信号通过舒适 CAN 总线发送至数据总线诊断接口 J533,诊断接口 J533 将数据处理后,通过驱动系统 CAN 总线发送至变速杆 E313 控制单元,E313 控制单元点亮面板上的照明灯。

3.2　示宽灯控制系统常见故障的诊断与排除

从迈腾示宽灯控制线路原理图(图 3-15)上可以看出,为了更好地监测和控制所有示宽灯的开启和关闭,这些示宽灯电源均由车载电网控制单元 J519 提供并控制。以右前示宽灯 M3 为例,其控制由 J519 通过其 T46b/21 端子与右前示宽灯 T14ad/10 端子之间的线路给右前示宽灯 M3 提供电源,再通过 T14ad/7 端子接地构成回路,点亮右前示宽灯 M3。

故障现象:

1) 打开车门,进入车内,EX1 背景灯不亮,但点火开关背景灯点亮。

2) 打开点火开关,示宽灯和近光灯全部点亮。

3) 示宽灯档时,示宽灯正常,前后雾灯均不亮。

4) 近光灯档时,近光灯正常,前后雾灯不亮;其余正常。

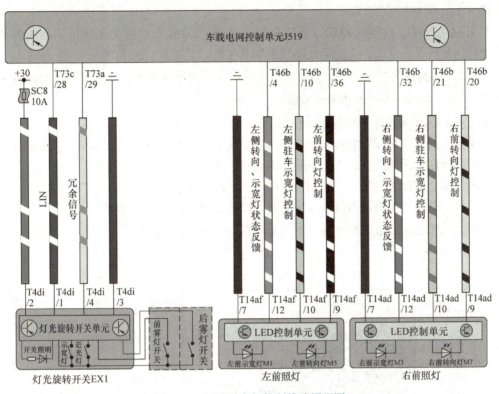

图 3-15　迈腾示宽灯控制线路原理图

故障分析：

1）打开车门，EX1 背景灯不亮，说明车门开关→J386（通过舒适 CAN 总线）→J519（通过 LIN 总线）→EX1（包含背景灯及其电源）工作异常，但点火开关背景灯点亮，说明车门开关→J386 工作正常；左侧后视镜上警告灯闪烁正常，说明 J386（通过舒适 CAN 总线）→J519 工作正常。则造成打开车门时 EX1 背景灯不亮的故障可能在 J519（通过 LIN 总线）→EX1（包含自身、背景灯及其电源）这个区间。

2）打开点火开关，示宽灯和近光灯全部点亮，说明 J519 接收到错误的来自 EX1 信号，从而触发应急，故障可能在 J519（通过 LIN 总线）→EX1（包含自身及其电源）。

3）在示宽灯、近光灯档位时，示宽灯、近光灯工作正常，但前后雾灯均不工作，说明 J519 能接受到示宽灯、近光灯档位信号，但不能接收到雾灯开关信号，根据 EX1 的结构和工作原理，说明 J519 与 EX1 之间的冗余信号通信正常、而 LIN 总线通信存在故障。

注意：可以只写第三点，也可以综合三点的共同部分，即 J519 与 EX1 之间 LIN 总线通信存在故障，具体故障点为：

1）J519 自身故障。
2）J519 与 EX1 之间 LIN 总线故障。
3）EX1 自身及正极电源存在故障。

注意：J519 与 EX1 之间的冗余信号通信正常，就可以排除 EX1 接地电路的故障。

诊断过程：

第一步：读取故障代码。

打开点火开关，用解码器读取故障代码，发现"J519-车灯开关无通信"的故障代码，说明之前的分析是正常的，为验证故障代码的真实性，需要对LIN总线信号进行分析。

> 注意：有的解码器需要诊断接口提供30#和15#两个电源才能工作，有的解码器只要有一个就可以工作。本文采用的是后者。

第二步：J519端的灯光开关LIN信号。

打开点火开关，用示波器测量J519的T73c/28端子对地波形，正常情况下应测得如表3-2中第一种可能性所示的波形，否则说明故障存在，可以参照表3-2中的方法进行诊断。

实测结果：T73c/28端子对地波形为0~12V方波，实测正常。但确实存在EX1与J519之间通信异常，推断可能原因为信号线路断路、EX1故障、EX1接地故障。

> 注意：基于实际测量和理论分析，当LIN总线断路的时候，主单元同样发出正常的LIN总线信号波形。

表3-2 J519的T73c/28端子对地波形测试

可能性	实测结果（波形）	状态	说明	操作
1		正常	—	—
2		异常	LIN总线对地短路或者测试点与两个单元同时断路	检查LIN总线对地电阻
3		异常	说明测试点到J519之间LIN总线断路或LIN总线对+B短路	检查LIN总线对+B电阻

第三步：EX1 端的 LIN 信号测试。

打开点火开关，用示波器测量 EX1 的 T4di/1 端子对地波形，正常情况下应测得如表 3-3 中第一种可能性所示的波形，否则说明故障存在，可以参照表 3-3 中的方法进行诊断。

实测结果：T4di/1 端子对地波形为 0~12V 方波，正常。但确实存在 EX1 与 J519 之间通信异常，推断可能原因为 EX1 故障、EX1 电源故障。基于经济性原则和故障概率原则，优先考虑 EX1 电源故障。由于灯光旋转开关冗余信号工作正常，说明 EX1 的接地没有问题，所以只需要检查正极供电。

表 3-3　EX1 的 T4di/1 端子对地波形测试

可能性	实测结果（波形）	状态	说明	操作
1		正常	说明信号线路没有故障	检查 EX1 电源
2		异常	如果上步测试结果为 0V 直线，说明信号线路对地短路	检查 LIN 总线对地电阻
			如果上步测试为正常波形，说明信号线路断路且 EX1 故障	检查信号线路导通性
3		异常	如果上步测试为 +B 直线，说明信号线路对正极短路或者 J519 自身故障	检查 LIN 总线对 +B 电阻
			如果上步测试结果为正常波形，说明信号线路断路	检查信号线路导通性

第四步：EX1 的电源检查。

在任何情况下，用万用表测量 EX1 的 T4di/2 对地电压，正常情况下应为 +B，否则说明故障存在，可以参照表 3-4 的方法进行诊断。

表 3-4　灯光旋转开关 EX1 的 T4di/2 端子对地电压测试

可能性	实测结果	状态	操作
1	+B	正常	考虑更换 EX1
2	0V	异常	检查 SC8 熔丝输出
3	0.1V~+B 间	异常	

实测结果为 0V，供电异常。

第五步：SC8 熔丝两端对地电压测量。

在任何情况下，用万用表测量 SC8 熔丝两端对地电压，正常情况下两端应为 +B，否则说明故障存在，可以参照表 3-5 的方法进行诊断。

注意：因为 SC8 熔丝片供电线路是通过熔丝盒内部线路供电，有时很难确定哪端属于供电端，哪端属于用电器端，因此可以同时对熔丝的两个端子进行测量。

表 3-5　SC8 熔丝片两端对地电压测试

可能性	实测结果	状态	可能原因	操作
1	+B, +B	正常	SC8 熔丝至 T4di/2 端子间线路断路或虚接	检查电路导通性
2	0V, 0V	异常	SC8 熔丝供电线路断路	检修供电线路
3	0V, +B	异常	熔丝损坏	检查负载
4	均 0.1V~+B 间某个值	异常	SC8 熔丝供电线路虚接	检修供电线路
5	+B, 0.1V~+B 间某个值	异常	熔丝虚接	更换熔丝

实测结果为一端为 +B，一端 0V，说明熔丝烧损。为了确定熔丝烧损的原因，需要检查熔丝负载端的对地电阻，以确定是否由于负载过大而烧坏熔丝。

第六步：SC8 熔丝下游对地电阻。

注意：SC8 熔丝的用电器端和灯光旋转开关 EX1 的 T4di/2 端子实质上是同一电位，所以该步可以选择对灯光旋转开关 EX1 的 T4di/2 端子对地电阻进行测量，也可以对 SC8 熔丝的用电器端进行测量。正常情况下，负载的最小电阻应大于 1.5Ω，否则熔丝会烧毁，可以按照表 3-6 中的方法进行诊断。

表 3-6　灯光旋转开关 EX1 的 T4di/2 端子对地电阻测试

可能性	实测结果	状态	可能原因	操作
1	远大于 1.5Ω	正常	熔丝正常损害	更换熔丝
2	小于 1.5Ω	异常	线路短路	检修线路

实测结果为 120Ω，正常，更换熔丝后，故障依旧，但 EX1 供电恢复正常，故障可能为：

1）J519 与 EX1 之间 LIN 总线故障。

2）EX1 自身故障。

第七步：读取故障代码。

打开点火开关，用解码器读取故障代码，发现"J519- 车灯开关无通信"的故障代码，说明之前的分析是正常的，为验证故障代码的真实性，需要对 LIN 信号进行分析。

任务 3　示宽灯控制系统及检修

第八步：J519 的灯光开关 LIN 总线信号。

打开点火开关，用示波器测量 J519 的 T73c/28 端子对地波形，正常情况下应测得 0V~+B 的方波，否则说明故障存在。实测结果：T73c/28 端子对地波形为 +B 直线，异常。加之之前的测试，说明 LIN 总线对 +B 短路。

第九步：LIN 总线对 +B 的电阻检查。

关闭点火开关，拔掉 EX1 和 J519 的电器插接器，用万用表检查 LIN 总线对 +B 的电阻，如果测试值为无穷大，可以连接 EX1 和 J519 其中一个插接器，根据测试结果变化来分析故障所在。

实测结果为 EX1 内部短路，更换 EX1 后故障排除，系统恢复正常。

机理分析：

由于 SC8 熔丝损坏，造成 EX1 供电异常，加上 EX1 的 LIN 总线和电源之间短路，造成 J519 无法接收到正确的故障信息，所以触发应急模式，近光和示宽灯异常点亮；J519 无法知晓示宽灯和近光灯的开关信号，所以无法打开前后雾灯。

练习题：请指导老师在故障列表 3-7 中选择合适的故障点，要求学生完成并填写诊断报告。

表 3-7　灯光旋转开关 EX1 的常见故障

序号	故障性质
1	SC8 熔丝断路
2	SC8 熔丝供电线路断路
3	SC8 熔丝负载端对地短路
4	EX1 的 T4di/2 端子供电线路断路
5	EX1 的 T4di/2 端子供电线路虚接
6	EX1 的 T4di/3 端子接地线路断路
7	EX1 的 T4di/3 端子接地线路虚接
8	EX1 自身损坏（内部电源线路短路）
9	EX1 自身损坏（内部接地线路短路）
10	LIN 总线断路、虚接
11	LIN 总线对地短路、虚接
12	LIN 总线对 +B 短路、虚接

任务 4
制动灯控制系统及检修

一、任务描述

迈腾制动灯控制系统常见的、稳定的故障现象有四种：
1）踩制动踏板，所有制动灯不亮。
2）踩制动踏板，一侧制动灯不亮。
3）踩制动踏板，高位制动灯不亮。
4）不踩制动踏板，制动灯常亮。

注意：所有制动灯不亮，主要原因可能是制动开关信号出现故障导致，这些故障首先会导致发动机无法起动，所以首先需要根据发动机无法起动故障现象进行排除。

二、任务分析

要想完成以上故障的诊断与排除，需要具备以下知识和技能。

1. 相关知识

1）汽车灯光系统的总述。
2）汽车制动灯系统的认知和检测。
3）迈腾网络总线系统。
4）迈腾制动灯控制系统的组成及工作原理，如图 4-1 所示。

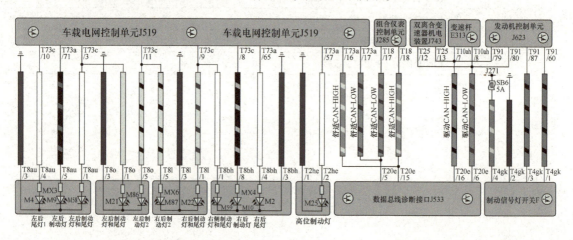

图 4-1 迈腾制动灯线路原理图

2. 相关技能

1）万用表、示波器、解码器等常见设备的使用。
2）维修资料的查阅、线路原理图的识读和分析。
3）常见故障的诊断与排除。
4）5S 管理和操作。

三、故障分析

1. 初步分析

1）用正确的方法检测 +B，确保 +B 满足车辆要求。
2）打开点火开关，观察仪表显示是否正常，如图 4-2 所示，如果仪表显示异常，就需要结合线路图、维修手册先排除仪表显示异常的故障。

图 4-2 迈腾仪表状态显示异常

3）接着踩制动踏板多次，观察仪表"制动踏板状态灯"应在踩下制动踏板时熄灭，松开时点亮，如图 4-3 所示。

制动踏板未踩下　　　　　　　　制动踏板踩下

图 4-3 迈腾仪表状态显示

如果仪表"制动踏板状态灯"显示异常,说明制动踏板→J623（通过驱动 CAN 总线）→J533（通过舒适 CAN 总线）→J285 存在故障,具体来讲可能存在以下故障。

① 制动灯开关本身、供电及线路损坏。
② 发动机控制单元本身、供电及线路损坏。
③ 驱动 CAN 总线故障。
④ 数据总线诊断接口 J533（网关）及相关线路故障。

⑤舒适CAN总线故障。
⑥组合仪表控制单元本身损坏（制动踏板状态灯控制、显示）。

> 注意：
> ①如果上边第①项出现故障，首先会出现仪表的"制动踏板状态灯"一直熄灭、所有制动灯常亮的故障，和上边故障现象不符，所以此处不考虑。
> ②如果上边②、③、④、⑤项出现故障，首先会出现仪表异常、车辆无法起动的故障，和上边故障现象不符，所以此处不考虑。
> ③如果仪表别的显示正常，只是制动踏板状态灯显示异常，则属于第⑥项故障，说明仪表内部故障，需要更换组合仪表J285。

4）接着观察仪表是否提示外部制动灯系统故障。

如果仪表提示外部制动灯系统故障，说明制动开关→J623（通过驱动CAN总线）→J533（通过舒适CAN总线）→J519、J533（通过舒适CAN总线）→J285工作正常。故障应在：

①J519自身故障。
②J519至后尾灯中制动灯信号线路故障。
③后尾灯自身故障。
④后尾灯接地线路故障。

5）接着观察后尾灯中的制动灯、高位制动灯是否点亮，如图4-4所示。

如果某个制动灯不亮，则可能存在以下故障：

①J519自身故障；
②J519至某制动灯信号线路故障；
③某后尾灯自身故障；
④某后尾灯接地线路故障。

图4-4 迈腾制动灯、高位制动灯状态显示

> 注意：除高位制动灯以外的每个制动灯都是和其他灯合用接地电路，所以如果公用接地的那个灯工作正常，可以暂时不考虑接地故障；对于M9和M10两个制动灯，在有些情况下还当别的信号灯使用，所以要充分考虑M9、M10在联系一个工况下的工作状态来进行综合分析。

2. DTC分析

现在汽车一般都具有自诊断功能，即使通过故障现象可以明确故障范围，但也最好首先读取故障记忆，因为这特别有利于快速发现故障。如果有故障代码，应清楚故障代码的定义和生成条件，并基于此展开诊断和故障检修；如果没有故障代码，则基于系统的结构和工作原理进行系统诊断。

3. 无码分析

如果没有故障代码显示，那就需要技术人员结合故障现象，分析系统线路图，列举故障可能，并按照正确的流程、利用合适的测试设备、进行正确的测量，从而发现故障所在。

四、诊断流程

面对汽车灯光控制系统所发生的各种故障，诊断及处理失误将给企业和个人造成相当大的损失。正确的诊断及处理，不可能来自于盲目的主观臆断，而应该建立在获取与故障有关信息的基础上，依据迈腾灯光系统、CAN 总线系统的工作原理以及控制结构，运用科学的分析方法，按照合理的步骤进行综合分析，去伪存真、舍次取主，排除故障受害者，找出故障肇事者，这才是提高故障诊断准确性的关键所在。为了便于分析，不至于被众多杂乱无章的信息扰乱思路，需要结合线路原理图，遵从以下流程进行诊断维修。

迈腾制动灯异常诊断流程，见表 4-1。

表 4-1 迈腾制动灯异常诊断流程

流程	操作	结果		备注
1	确认 +B 大于 11.5V	正常转至步骤 2	不正常给蓄电池充电或更换	确保蓄电池正负极接头连接牢靠，不脏污
2	打开点火开关至 ON 档，仪表显示应正常点亮；踩制动踏板数次，制动踏板状态灯应正常熄灭和点亮	正常转至步骤 3	制动踏板状态灯异常转至步骤 4	仪表显示不正常结合线路图、手册维修仪表显示异常故障
	踩制动踏板，发动机应能正常起动			如果发动机正常起动，说明制动开关、发动机控制单元、数据通信正常，故障应在制动灯 LED 控制上
3	观察仪表上是否有外部灯光故障提示	正常转至步骤 4	有提示，转至步骤 5	
4	观察后部所有制动灯正常点亮	正常转至步骤 10	异常转至步骤 5	
5	连接故障诊断仪器，读取故障代码	正常读取，转至步骤 6	无法读取故障代码，转至步骤 7 无故障代码转至步骤 8	
6	根据实施维修里故障代码进行诊断、维修	正常转至步骤 9		
7	检测 OBD-II 诊断接口及相关线路	正常转至步骤 5	执行"OBD-II 诊断接口"诊断	使用连线时，如果解码器不亮或者使用无线传输方式时怀疑无线单元不能通信时进行该诊断
	检测舒适 CAN 总线通信		执行"舒适 CAN 总线通信"诊断	
8	插接器检查	正常转至步骤 10	不正常维修故障部位	包括外观、退针、锈蚀等项目 测量项目包括对地电压、电阻和端对端电阻
	结合维修手册、线路图对所有制动灯控制、接地线路进行电压、通断测量			
9	故障检验	正常转至步骤 10	不正常转至步骤 5	
10	维修完成			

五、实施维修

1. 根据故障代码提示进行维修

利用解码器读取故障代码，按照本资源库中提供的针对每个故障代码制定的诊断流程进行故障诊断。

2. 线路检测

根据系统的结构原理，对制动灯开关、车载电网控制单元、数据总线诊断接口、所有制动灯等线路进行检测,检测方法参照本资源库的相关内容。

3. 部件检测

根据系统的结构原理,对制动灯开关、车载电网控制单元、数据总线诊断接口、所有制动灯等元器件进行检测,检测方法参照本资源库的相关内容。

六、总结拓展

技术报告:参照高职大赛工作页完成诊断报告,教师应根据需要设置好故障点,也可根据本课件中提供的实际案例制定标准答案。

拓展实训:教师可以在车辆上给学生设置相类似的其他故障,让学生独立完成,以考核学生的掌握水平。

4.1 制动灯控制系统的组成与工作原理

一、迈腾制动灯结构组成

迈腾制动灯控制系统通过车载电网控制单元J519集中控制,如图4-5所示,系统主要包含制动灯信号开关、J623、J533、J285、J519、左、右后尾灯总成、高位制动灯。

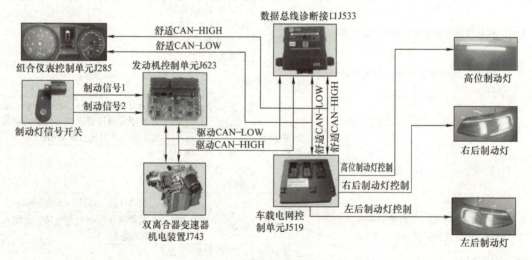

图4-5 迈腾制动灯结构组成

1. 霍尔式制动开关

迈腾制动开关采用霍尔式信号原理,它安装在制动主缸上,开关内部线路板上设计有两个霍尔芯片,制动主缸采用铸铝材料,在主缸活塞上设计一个永久磁性环,作为信号触发器。

踩下制动踏板时,活塞沿图4-6所示箭头方向移动,永久磁性环(信号触发器)切割开关内部线路板上霍尔芯片的磁感应线,从而产生感应信号。车载电网控制单元利用该信号控制制动灯的点亮或熄灭。

开关内部两个霍尔芯片以实现双路信号输出,两路信号的切变点位移差小于0.5mm,两路信号分别为常闭和常开信号,见表4-2。

任务4 制动灯控制系统及检修

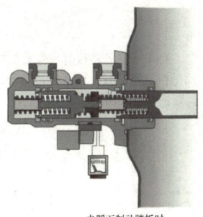
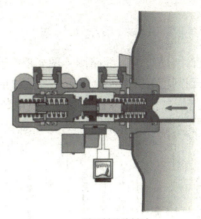

未踩下制动踏板时　　　　　　　　　　踩下制动踏板时

图 4-6　迈腾制动灯开关工作原理

表 4-2　迈腾制动灯开关信号逻辑

行程	BLS	EMS
0mm	L	H
2.5mm	H	L
5mm	H	L
10mm	H	L
20mm	H	L
40mm	H	L

注意：BLS：常开信号；EMS：常闭信号；H：高电平；L：低电平。

2.LED 尾灯

迈腾制动灯采用高亮度的发光二极管支撑，一方面可以节省电量，另外一方面可以提高亮度，达到更好的警示目的。

对于尾灯中的制动灯，如图 4-7 所示，固定部分和行李舱盖部分内的 2×LED 光导体亮起，同时下述段位亮起：

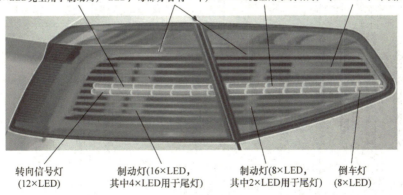

图 4-7　迈腾 LED 尾灯结构

1）固定部分中的两个纵列灯组 16×LED，其中 4 个变暗的 LED 也用于尾灯。
2）行李舱盖中的一个纵列灯组 8×LED，其中 2 个变暗的 LED 也用于尾灯。

二、迈腾制动灯系统工作过程

从迈腾制动灯控制线路图（图 4-8）上可以看出。当踩下制动踏板时，发动机控制单元 J623 检测到制动灯开关两个霍尔芯片发出的两个制动踏板状态信号，J623 通过驱动数据总线将这一数据信息发送至双离合变速器机电装置 J743、数据总线诊断接口 J533。

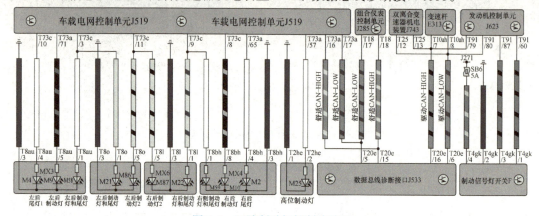

图 4-8　迈腾制动灯控制线路图

J533 将数据处理后，通过舒适数据总线将这一数据信息发送至车载电网控制单元 J519、J285。J285 接收到此信息后控制仪表上制动踏板状态指示灯熄灭；J519 接收到此消息后，分别接通左后、右后以及高位制动灯总成中的 LED 电源，LED（制动灯）点亮。

4.2　制动灯控制系统常见故障的诊断与排除

从以下迈腾制动开关线路原理图（图 4-9）上可以看出，制动开关电源由主继电器 J271 供给，再通过 SB6 5A 熔丝分配给制动开关 T4gk/4 端子，通过制动开关 T4gk/2 端子接地构成回路。

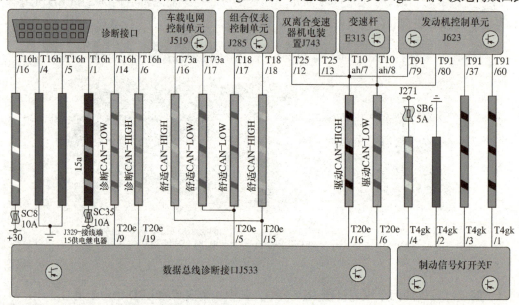

图 4-9　迈腾制动开关线路原理图

打开点火开关或起动发动机，主继电器 J271 工作，电源进入 F（制动信号灯开关）的 T4gk/4 端子并通过 T4gk/2 端子接地。迈腾的制动开关采用霍尔式结构，它向发动机控制单元 J623 输出两个相反的电压信号，即 0V 和 +B。J623 通过驱动数据总线将这一数据信息发送至双离合变速器机电装置 J743、变速杆 E313、数据总线诊断接口 J533。

一、故障现象

打开点火开关，起动机直接运转，但发动机没有着车征兆，仪表上脚制动指示灯不亮；踩下制动踏板，同时所有制动灯常亮。

二、故障分析

有两种分析的方法，第一种是结合起动机运转、制动灯常亮、发动机没有着车征兆，找寻三个现象成因的共同点；第二种是结合起动机运转、制动灯常亮，找寻两个现象成因的共同点。本文为了完整讲述制动灯控制系统的组成和工作原理，采用第二种分析方法，在实际诊断过程中，第一种方法可能是最好的方法。

打开点火开关，起动机直接运转，说明起动机运转的条件已经满足，在防盗解锁的情况下具备点火开关、制动踏板、空档位置开关三个信号，但实际上驾驶人并没有踩下制动踏板，所有说明发动机控制单元始终接收到制动踏板踩下的信号。

打开点火开关，制动灯常亮，说明制动踏板→ J623 → J533 → J519 →制动灯的控制流程已经完成，但实际上驾驶人实际上驾驶人并没有踩下制动踏板，所有说明发动机控制单元始终接收到制动踏板踩下的信号。

以上两个分析都把故障可能集中在制动踏板和 J623 之间，再加上发动机没有任何着车的征兆，说明气缸内没有任何燃烧，可能点火或燃油系统存在故障。根据系统控制原理，J271 除了为制动踏板提供电源以外，还要为 J623 提供大功率用电电源（为喷油器控制提供电源），为 J757 继电器提供线圈电源（为点火线圈提供电源）。所以结合三个故障现象，可能原因为 J271 输出故障。

> 注意：在诊断过程中，可以拔掉 SB23 熔丝或者起动继电器，避免起动机长时间工作，但要考虑因此而形成的故障代码。

三、故障诊断

第一步：读取故障代码。
打开点火开关，用解码器读取故障代码，并根据故障代码的含义进行诊断。
第二步：读取数据流。
打开点火开关，用解码器读取点火开关数据流，正常情况下数据流会反映制动踏板的正确状态，但实测始终为"踩下"，说明之前的信号是正确的。
第三步：测量 J623 端的制动信号灯开关信号输入。
打开点火开关，用万用表测量 J623 的 T91/37、T91/60 两个端子分别对地电压，正常情况下在踩下制动踏板时，J623 的 T91/37 端子的对地电压从 0V 切换到 +B，而 T91/60 端子的对地电压从 +B 切换到 0V，否则说明故障存在，可以参考表 4-3 中的方法进行诊断。

注意：J623 的 T91/37、T91/60 两个端子对地电压的测量方法一致的，本文只讲述 T91/60 的测量方法。

表 4-3　发动机控制单元 J623 的 T91/60 端子对地电压测试

可能性	测试条件	实测结果	状态	操作
1	制动踏板未踩下	10V 左右	正常	考虑更换 J623
	制动踏板踩下	0V 左右		
2	制动踏板未踩下	约 10V	异常	信号线路或传感器存在故障，先检查传感器输出
	制动踏板踩下	约 10V		
3	制动踏板未踩下	0V 左右	异常	信号线路、J623 或传感器存在故障，先检查传感器输出
	制动踏板踩下	0V 左右		

实测结果为 T91/37、T91/60 两个端子对地电压始终为 +B。

第四步：测量制动信号灯开关信号输出。

打开点火开关，用万用表测量 F 的 T4gk/3、T4gk/1 两个端子分别对地电压，正常情况下在踩下制动踏板时，F 的 T4gk/3 端子的对地电压从 0V 切换到 +B，而 T4gk/1 端子的对地电压从 +B 切换到 0V，否则说明故障存在，可以参考表 4-4 中的方法进行诊断。

注意：F 的 T4gk/3、T4gk/3 两个端子对地电压的测量方法一致的，本文只讲述 T4gk/1 端子的测量方法。

表 4-4　制动开关的 T4gk/1 端子对地电压测试

可能性	测试条件	实测结果	状态	可能原因	操作
1	松开制动踏板	0V 左右	异常	制动开关损坏及其电源线路故障；T91/60 端子与 T4gk/1 端子间线路或 J623 内部对地短路	检查线路对地电阻
	踩下制动踏板	0V 左右			
2	松开制动踏板	约 11V	异常	制动开关故障（内部电源短路、传感器供电故障）	检查传感器供电
				J623 故障（局部电源短路）	
	踩下制动踏板	约 11V		J623 的 T91/60 端子与制动开关 T4gk/1 端子间线路对电源短路	

实测结果为 F 的 T4gk/3、T4gk/1 两个端子对地电压始终为 +B。

第五步：测量测量制动信号灯开关电源。

打开点火开关，用万用表检查 T4gk/4、T4gk/2 端子之间的电压，正常情况下测量结果应为 +B，否则说明故障存在，可按照表 4-5 中的方法进行诊断。

表 4-5　制动开关的 T4gk/4、T4gk/2 端子之间电压测试

可能性	实测结果	状态	操作
1	+B	正常	F 自身存在故障，可考虑更换
2	0V	异常	供电异常，检查正极或负极
3	0.1V~+B 间某个值	异常	

实测结果为 0V。

第六步：测量测量制动信号灯开关正极电源。

打开点火开关，用万用表检查 T4gk/4 端子对地电压，正常情况下测量结果应为 +B，否则说明故障存在，可按照表 4-6 中的方法进行诊断。

表 4-6　制动开关 T4gk/2 端子对地电压测试

可能性	实测结果	可能状态	操作
1	+B	接地线路故障	检查接地线路
2	0.1V~+B 间某个值	供电线路虚接	检查 SB6 熔丝输出
3	0V	供电线路断路	

实测结果为 0V。

第七步：测量 SB6 熔丝两端对地电压。

注意：因为 SB6 熔丝片供电线路是通过熔丝盒内部线路供电，有时很难确定哪端属于供电端，哪端属于用电器端，因此可以同时对熔丝的两个端子进行测量。

打开点火开关，用万用表检查 SB6 熔丝两端对地电压，正常情况下测量结果均应为 +B，否则说明故障存在，可按照表 4-7 中的方法进行诊断。

表 4-7　SB6 熔丝片两端对地电压测试

测试标准：点火开关开至 ON 档或起动发动机情况下为 +B（+B）				
可能性	实测结果	状态	可能原因	操作
1	+B, +B	正常	如果上步测试为 0V，说明线路断路；如果上步测试为 0.1V~+B 间某个值，说明线路虚接	检查线路导通性
2	0V, 0V	异常	SB6 熔丝供电故障	检查 J271 继电器输出
3	0V, +B	异常	熔丝损坏	检查用电端负载
4	均 0.1V~+B 间某个值	异常	SB6 熔丝供电线路虚接	检查 J271 继电器输出
5	+B, 0.1V~+B 间某个值	异常	熔丝虚接	更换熔丝

实测结果为两端均为 0V。

第八步：测量 J271 的 87# 电压输出。

打开点火开关，用万用表测量 J271 继电器的 87# 对地电压，正常情况下应为 +B，实测为 0V，测试结果异常，可能原因：

① J271 继电器自身故障。

② J271 继电器触点供电电路故障。

③ J271 继电器电磁线圈控制电路（包含正极和负极）故障。

第九步：测量 J271 的 30#、87#、86# 对地电压。

打开点火开关，用万用表测量 J271 继电器的 30#、87#、86# 对地电压，正常情况下：85# 端子对地电压从点火开关打开前的 +B 切换到打开后的 0V，86# 端子对地电压为 +B，30# 端子对地电压应为 +B，实测正常，说明继电器损坏。

第十步：J271 继电器单件测试。

如果进行 J271 继电器单件测试，要求严格按照以下步骤进行：

1）测量继电器 85# 和 86# 之间到电阻，正常值为 60~200Ω，测试结果正常。

注意：只有在电阻正常的情况下才能通电测试。

2）86# 接蓄电池负极，然后 85# 接蓄电池正极，用万用表测量 30# 和 87# 端子之间的电阻，应从无穷大切换到导通。

测试结果为触点无法闭合。

更换继电器后，打开点火开关，起动机不再运转，制动灯工作正常，故障排除。

练习题：请指导老师在故障列表 4-8 中选择合适的故障点，要求学生完成并填写诊断报告。

表 4-8　制动灯 M22 点亮异常的常见故障

序号	故障性质
1	M22 的 LED 或灯泡断路
2	M22 的供电线路断路
3	M22 的供电线路虚接
4	M22 的供电线路对地短路
5	车载电网控制单元 J519 局部损坏（制动灯灯控制）
1	制动开关 T4gk/4 端子的供电线路断路
2	制动开关 T4gk/4 端子的供电线路虚接
3	制动开关 T4gk/4 端子的供电线路对地短路
4	SB6 熔丝断路
5	制动开关 T4gk/2 端子接地线路断路
6	制动开关 T4gk/2 端子接地线路虚接
1	T4gk/1 端子信号线路断路
2	T4gk/1 端子信号线路对地短路
3	制动开关损坏
4	J519 损坏（局部，制动开关信号接收线路）

任务 5
转向、警告灯控制系统及检修

一、任务描述

迈腾转向、警告灯控制系统常见的、稳定的故障现象有五种：
1）打开点火开关，将转向灯开关拨至左转向位置，左侧转向灯全部不亮。
2）打开点火开关，将转向灯开关拨至左转向位置，左侧转向灯个别不亮。
3）打开点火开关，将转向灯开关拨至右转向位置，右侧转向灯全部不亮。
4）打开点火开关，将转向灯开关拨至右转向位置，右侧转向灯个别不亮。
5）按下应急灯开关，所有转向灯全部不亮。

二、任务分析

要想完成以上故障的诊断与排除，需要具备以下知识和技能：

1. 相关知识

1）汽车灯光系统的总述。
2）汽车转向灯系统的认知和检测。
3）迈腾网络总线系统。
4）迈腾转向灯、警告灯控制系统的组成及工作原理，如图5-1、图5-2所示。

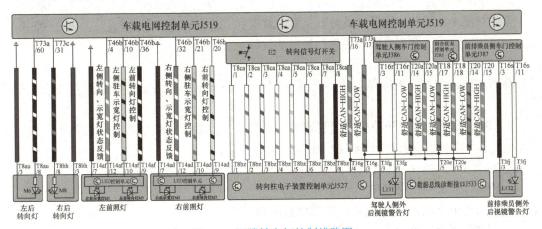

图 5-1 迈腾转向灯控制线路图

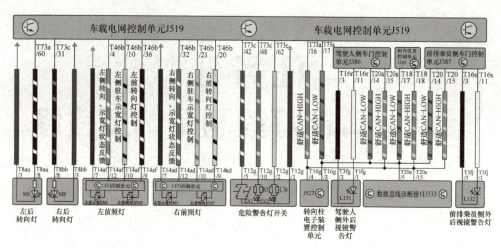

图 5-2 迈腾危险警告灯控制线路图

2. 相关技能

1）万用表、示波器、解码器等常见设备的使用。
2）维修资料的查阅、线路原理图的识读和分析。
3）常见故障的诊断与排除。
4）5S 管理和操作。

三、故障分析

1. 初步分析

1）在无钥匙进入车辆或遥控器开启车门时，观察车外所有转向灯是否正常闪烁，如果车门可以打开，而个别转向指示灯不能正常闪烁，则说明该灯控制线路存在故障；如果车门打不开，则参照舒适系统的相关内容进行检修。

2）将点火开关置于 ON 位置，观察仪表显示是否正常，如图 5-3 所示，如果仪表显示异常，就需要结合线路图、维修手册先排除仪表显示异常的故障。

图 5-3 迈腾仪表灯光系统

3）接着拨动转向灯开关手柄至左转向灯开启位置，观察左侧转向灯是否闪烁正常，如图 5-4 所示，同时仪表上左侧转向指示灯是否闪烁正常。

4）接着拨动转向灯开关手柄至右转向灯开启位置，观察右侧转向灯是否闪烁正常，如图 5-5 所示，同时仪表上右侧转向指示灯是否闪烁正常。

① 如果所有左或右转向信号灯工作异常，则可能存在以下故障的一个或多个：
a. 转向灯开关及线路故障。
b. 转向柱电子装置控制单元 J527 及线路故障。
c. 车载电网控制单元 J519 及线路故障。
d. 至左或右侧各个转向灯控制信号线路故障。

图 5-4　迈腾左侧转向灯　　　　　图 5-5　迈腾右侧转向灯

e. 左或右侧转向灯 LED 故障。

f. 左或右侧各个转向灯接地线路故障。

② 如果仪表上转向指示灯闪烁频率增加，则可能存在以下故障的一个或多个：

a. 至左或右侧某个转向灯控制信号线路故障。

b. 左或右侧某个转向灯 LED 故障。

c. 左或右侧某个转向灯接地线路故障。

5）接着按下危险警告灯开关，观察前部左、右两侧转向灯是否闪烁正常，观察后部左、右两侧转向灯是否闪烁正常，如图 5-6 所示，仪表上左、右两侧转向指示灯是否闪烁正常。

图 5-6　迈腾危险警告灯工作状态

如果所有信号灯工作异常，则可能存在以下故障的一个或多个：

a. 危险警告灯开关及线路故障。

b. 车载电网控制单元 J519（局部）故障。

6）最后，观察仪表是否提示灯光系统故障。

如果仪表提示灯光系统故障，根据仪表提示进行检查和维修。

注意：如果转向灯工作异常，则可通过打开危险警告灯开关起动危险警告灯，让全部转向灯工作，来进行判定。

① 如果在危险警告灯开启状态下，所有转向灯正常，则可能存在以下故障的一个或多个：

a. 转向灯开关及线路故障。

b. 转向柱电子装置控制单元 J527 及线路故障。

② 如果在危险警告灯开启状态下，某转向灯工作异常，则可能存在以下故障的一个或多个：

a. 至某个转向灯控制信号线路故障。

b. 某转向灯自身故障。

c. 某转向灯接地线路故障。

2. DTC 分析

现在汽车一般都具有自诊断功能，即使通过故障现象可以明确故障范围，但也最好首先读取故障记忆，因为这特别有利于快速发现故障。如果有故障代码，应清楚故障代码的定义和生成条件，并基于此展开诊断和维修；如果没有故障代码，则基于系统的结构和工作原理进行系统诊断。

3. 无码分析

如果没有故障代码显示，那就需要技术人员结合故障现象，分析系统线路图，列举故障可能，并按照正确的流程、利用合适的测试设备、进行正确的测量，从而发现故障所在。

四、诊断流程

面对汽车灯光系统所发生的各种故障，诊断及处理失误将给企业和个人造成相当大的损失。正确的诊断及处理，不可能来自于盲目的主观臆断，而应该建立在获取与故障有关信息的基础上，依据迈腾灯光系统、CAN 总线系统的工作原理以及控制结构，运用科学的分析方法，按照合理的步骤进行综合分析，去伪存真、舍次取主，排除故障受害者，找出故障肇事者，这才是提高故障诊断准确性的关键所在。为了便于分析，不至于被众多杂乱无章的信息扰乱思路，需要结合线路原理图，遵从以下流程进行诊断维修。

迈腾转向灯、危险警告灯异常诊断流程，见表 5-1。

表 5-1 迈腾转向灯、危险警告灯异常诊断流程

步骤	操作	结果		备注
1	确认 +B 大于 11.5V	正常转至步骤 2	不正常给蓄电池充电或更换	确保蓄电池正负极接头连接牢靠，不脏污
2	打开点火开关至 ON 档，仪表显示应正常点亮	正常转至步骤 3	仪表显示不正常结合线路图、维修手册维修仪表显示异常故障	
3	向后拨动转向灯开关手柄至左转向灯开启位置，观察左侧转向灯是否闪烁正常，仪表上左侧转向指示灯是否闪烁正常	正常转至步骤 4	不正常转至步骤 7	如果异常，结合"初步分析"里危险警告灯状态，缩小故障范围为：仪表上转向指示灯闪烁频率增加，则可能为某个转向灯控制信号线路、LED、接地故障
4	向前拨动转向灯开关手柄至右转向灯开启位置，观察右侧转向灯是否闪烁正常，仪表上右侧转向指示灯是否闪烁正常	正常转至步骤 5	不正常转至步骤 7	如果异常，结合"初步分析"里危险警告灯状态，缩小故障范围为：仪表上转向指示灯闪烁频率增加，则可能为某个转向灯控制信号线路、LED、接地故障
5	按下危险警告灯开关，观察左、右两侧转向灯是否闪烁正常，仪表上左、右两侧转向指示灯是否闪烁正常	正常转至步骤 6	不正常转至步骤 7	如果异常，结合"初步分析"里危险警告灯状态，缩小故障范围
6	观察仪表上没有外部灯光故障提示	正常读取，转至步骤 12	有提示转至步骤 7	

（续）

步骤	操作	结果		备注
7	连接故障诊断仪器，读取故障代码	正常读取，转至步骤8	无法读取故障代码，转至步骤9 无故障代码转至步骤10	
8	根据实施维修里故障代码进行诊断、维修	正常转至步骤11		
9	检测OBD-II诊断接口及相关线路	正常转至步骤7	执行"OBD-II诊断接口"诊断	使用连线时，如果解码器不亮或者使用无线传输方式时怀疑无线单元不能通信时进行该诊断
	检测舒适CAN总线通信		执行"舒适CAN总线通信"诊断	
10	插接器检查	正常转至步骤11	不正常维修故障部位	包括外观、退针、锈蚀等项目
	结合维修手册、线路图对所有转向、危险警告灯控制、接地线路、进行电压、通断测量			测量项目包括对地电压、电阻和端对端电阻
11	故障检验	正常转至步骤12	不正常转至步骤5	
12	维修完成			

五、实施维修

1. 根据故障代码提示进行维修

利用解码器读取故障代码，按照本资源库中提供的针对每个故障代码制定的诊断流程进行故障诊断。

2. 线路检测

根据系统的结构原理，对转向/变光开关、警告灯开关、左前照灯总成、右前照灯总成、左后尾灯总成、右后尾灯总成、左侧后视镜总成、右侧后视镜总成、数据总线诊断接口J533、组合仪表控制单元J285、车载电网控制单元J519、转向柱电子装置控制单元J527、驾驶人侧车门控制单元J386、前排乘员侧车门控制单元J387等线路进行检测，检测方法参照本资源库的相关内容。

3. 部件检测

根据系统的结构原理，对转向/变光开关、警告灯开关、左前照灯总成、右前照灯总成、左后尾灯总成、右后尾灯总成、左侧后视镜总成、右侧后视镜总成、数据总线诊断接口J533、组合仪表控制单元J285、车载电网控制单元J519、转向柱电子装置控制单元J527、驾驶人侧车门控制单元J386、前排乘员侧车门控制单元J387等元器件进行检测，检测方法参照本资源库的相关内容。

六、总结拓展

技术报告：参照高职大赛工作页完成诊断报告，教师应根据需要设置好故障点，也可根据本课件中提供的实际案例制定标准答案。

拓展实训：教师可以在车辆上给学生设置相类似的其他故障，让学生独立完成，以考核学生的掌握水平。

5.1 转向、警告灯控制系统的组成及工作原理

一、转向灯、警告灯控制系统的组成

迈腾转向灯、警告灯控制系统通过车载电网控制单元J519集中进行控制,系统包含转向/变光开关、警告灯开关、转向柱电子装置控制单元J527、车载电网控制单元J519、左前照灯总成、右前照灯总成、左后尾灯总成、右后尾灯总成、左侧后视镜总成、右侧后视镜总成、数据总线诊断接口J533、组合仪表控制单元J285、驾驶人侧车门控制单元J386、前排乘员侧车门控制单元J387等元器件,如图5-7、图5-8所示。

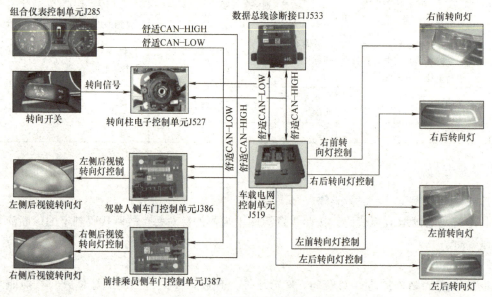

图5-7 迈腾转向灯结构组成

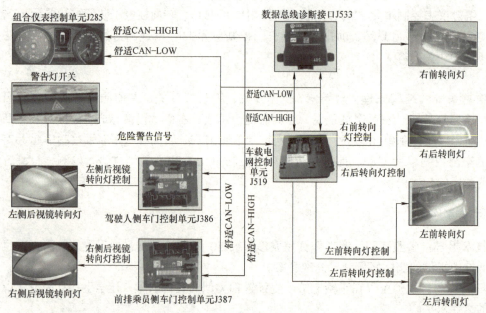

图5-8 迈腾警告灯结构组成

1. 转向灯开关

转向开关安装在转向柱上部左侧、转向盘下部的位置，如图 5-9 所示。

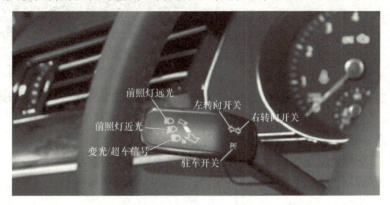

图 5-9 迈腾转向灯开关

从迈腾转向灯开关工作原理图（图 5-10）可以看出，迈腾转向开关、变光开关和驾驶辅助系统操作按钮为一体。开关使用内部连接线束和转向柱电子装置控制单元 J527 相连。

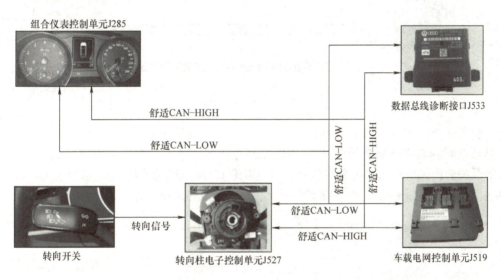

图 5-10 迈腾转向灯开关工作原理图

1）打开点火开关，向前拨动转向开关，接通开关内部右转向灯触点，随即转向柱电子装置控制单元 J527 接收到右转向灯开启的模拟信号，控制单元 J527 将这一个模拟信号转换为数字信号，通过舒适系统 CAN 总线将数据发给车载电网控制单元 J519 和组合仪表控制单元 J285。

2）打开点火开关，向后拨动转向开关，接通开关内部左转向灯触点，随即转向柱电子装置控制单元 J527 接收到左转向灯开启的模拟信号，控制单元 J527 将这一个模拟信号转换为数字信号，通过舒适系统 CAN 总线将数据发给车载电网控制单元 J519 和组合仪表控制单元 J285。

2. 危险警告灯开关

危险警告灯，俗称为"双闪"，位于仪表台中部，如图 5-11 所示，是一种提醒其他车辆与行人注意本车发生了特殊情况的信号灯。在驾车过程中遇到浓雾时，能见度低于 100m 时，由于视线不好，不但应该开启前、后防雾灯，还应该开启危险警告灯，以提醒过往车辆及行人的注意，特别是后方行驶的车辆，保持应有的安全距离和必要的安全车速，避免紧急制动引起追尾。

图 5-11　迈腾危险警告灯开关

危险警告灯开关使用连接线束和车载电网控制单元 J519 接通，如图 5-12 所示，在任何时候按下危险警告灯开关，开关内部触点接通，随即 J519 就可接收到来自危险警告灯开关开启的模拟信号。

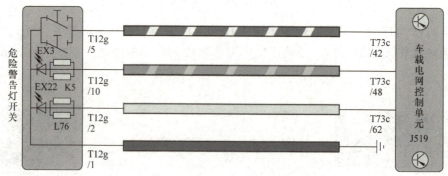

图 5-12　迈腾危险警告灯线路原理图

3. 转向柱电子装置控制单元 J527

从迈腾转向柱电子装置控制单元 J527 线路连接图（图 5-13）可以看出，J527 将以下转向灯等开关的模拟信号转换为数字信号，通过舒适 CAN 总线传递给 J519 以及 J533，J533 再将这些信息通过娱乐 CAN 总线传递给音响以及发动机控制单元 J623。

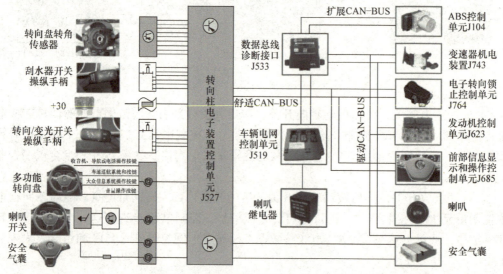

图 5-13　迈腾转向柱电子装置控制单元 J527 线路连接图

二、转向灯、危险警告灯工作过程

1）打开点火开关，向前拨动转向开关，接通开关内部右转向灯触点，随即转向柱电子装置控制单元 J527 接收到右转向灯开启的模拟信号，J527 将这一个模拟信号转换为数字信号，通过舒适系统 CAN 总线将数据发给车载电网控制单元 J519、组合仪表控制单元 J285、前排乘员侧车门控制单元 J387，如图 5-14 所示。

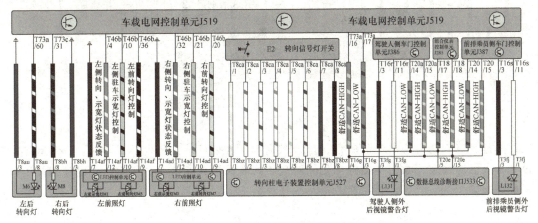

图 5-14　迈腾转向灯控制线路图

① J519 接收到右转向灯开启的模拟信号后，接通右前转向灯和右后转向灯。

② J285 通过舒适数据总线接收到此信号后，点亮其内部的右转向指示灯，提示驾驶人转向灯状态。

③ J387 通过舒适数据总线接收到此信号后，点亮右侧后视镜上的右转向指示灯来提醒行人以及外部车辆。

2）打开点火开关，向后拨动转向开关，接通开关内部左转向灯触点，随即 J527 接收到左转向灯开启的模拟信号，J527 将这一个模拟信号转换为数字信号，通过舒适系统 CAN 总线将数据发给 J519、组合仪表控制单元 J285、驾驶人侧车门控制单元 J386。

① J519 接收到左转向灯开启的模拟信号后，接通左前转向灯和左后转向灯。

② J285 通过舒适数据总线接收到此信号后，点亮其内部的左转向指示灯，提示驾驶人转向灯状态。

③ J386 通过舒适数据总线接收到此信号后，点亮左侧后视镜上的左转向指示灯来提醒行人以及外部车辆。

3）任何时候按下危险警告灯开关，开关内部触点接通，随即 J519 就可接收到危险警告灯开关开启的模拟信号，然后控制车辆上相关信号及指示灯闪烁，如图 5-15 所示。

① J519 接收到危险警告灯开关开启的模拟信号后，接通左前、左后、右前、右后转向灯。

② J285 通过舒适数据总线接收到此信号后，点亮其内部的左转、右转向指示灯，提示驾驶人危险警告灯状态。

③ J386、J387 通过舒适数据总线接收到此信号后，点亮左、右两侧后视镜上的转向指示灯来提醒行人以及外部车辆。

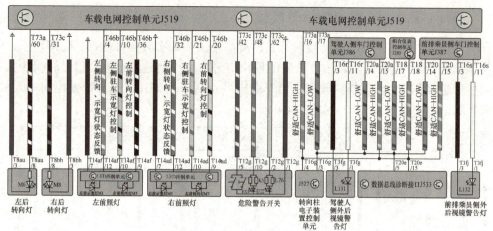

图 5-15 迈腾警告灯控制线路图

注意：在以上灯光起动的时候，J519 实时监测控制线路上的电压或电流，如果线路上的电压或电流异常，控制单元将记忆相对应的故障代码或在仪表中提示，同时转向灯闪烁频率将改变。

5.2 转向、警告灯控制系统常见故障的诊断与排除

从迈腾危险警告灯开关控制线路原理图上可以看出（图 5-16），车载电网控制单元 J519 通过其 T73c/42 端子和危险警告灯开关 T12g/5 端子之间的线路连接到危险警告灯开关，然后通过开关的 T12g/1 端子构成接地回路（开关闭合时）。

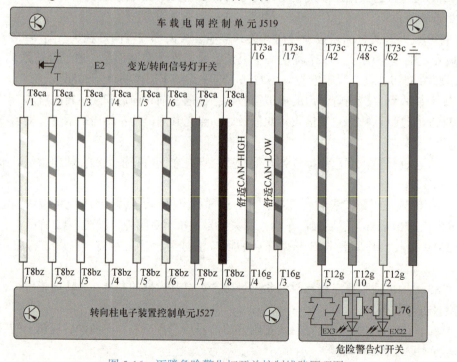

图 5-16 迈腾危险警告灯开关控制线路原理图

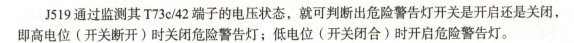

J519通过监测其T73c/42端子的电压状态，就可判断出危险警告灯开关是开启还是关闭，即高电位（开关断开）时关闭危险警告灯；低电位（开关闭合）时开启危险警告灯。

一、故障现象

1）无钥匙进入车辆时，车内外所有转向信号灯闪烁正常。

2）进入车内，危险警告灯开关背景灯正常点亮，打开点火开关，操作转向开关，车内外所有转向信号灯闪烁正常。

3）操作危险警告灯开关，车内外所有转向信号灯均不闪烁，同时危险警告灯开关背景灯也不闪烁。

二、故障分析

由于在无钥匙进入及操作转向开关时，车内外所有转向信号灯均正常闪烁，说明所有转向信号灯及其驱动电路工作正常，而在操作危险警告灯时所有转向信号灯均不工作，说明J519没有接收到正确的来自危险警告灯开关的信号，可能原因为：

1）危险警告灯开关自身故障。

2）危险警告灯开关与J519之间的线路故障。

3）J519自身故障。

三、诊断过程

第一步：读取故障代码。

打开点火开关，用解码器读取系统故障代码，发现没有相关故障记忆。

第二步：读取诊断数据流。

打开点火开关，用解码器读取危险警告灯的相关数据流，正常情况下，数据流应正确反映开关的状态，否则说明故障存在。实测为不管开关处于那个状态，解码器均显示开关未按下，说明之前的分析是正常的。

第三步：测量J519端危险警告灯开关的信号输入。

在任何时候，未打开危险警告灯开关时，用示波器测试J519的T73c/42端子对地电压波形，测试值应为0V~+B的方波信号，按下危险警告灯开关，测试值应为0V。否则说明故障存在，可以按照表5-2中的方法进行诊断。

表 5-2 J519 的 T73c/42 端子对地电压测试

可能性	实测结果		状态	操作
	开关未按下	开关按下		
1	0V~+B 的方波	0V	正常	可能为 J519 自身故障，建议更换
2	始终为 0V~+B 的方波		异常	可能测试点与危险警告灯开关之间断路，建议测量开关信号输出
3	始终为 0V 直线		异常	说明 J519 没有基准信号输出，建议更换

实测结果始终为0V~+B的方波。

第四步：测量危险警告灯开关的信号输出。

在任何时候，未打开危险警告灯开关时，用示波器测试危险警告灯开关T12g/5端子对地电压波形,测试值应为 0V~+B 的方波信号,按下危险警告灯开关,测试值应为 0V。否则说明故障存在,可以按照表 5-3 中的方法进行诊断。

表 5-3 危险警告灯开关 T12g/5 端子对地电压测试

可能性	实测结果		状态	可能原因	操作
	开关未按下	开关按下			
1	始终为 0V~+B 的方波		异常	开关损坏(内部断路)	开关单件测试
				开关接地线路断路(据前已经排除)	
2	始终为 0V 直线		异常	开关内部对地短路	线路对地电阻测试
				连接线路对地短路	
				J519 内部断路或对地短路	

实测结果始终为 0V 直线,导线两端一端为波形信号,一端为 0V 直线,说明电路一定是存在断路的。

第五步:检查信号线路的导通性。

关闭点火开关,拔下危险警告灯开关和 J519 插接器,该导线端对端电阻应近乎为零,否则说明故障存在,可参照表 5-4 进行诊断。

表 5-4 J519 的 T73c/42 端子与危险警告灯开关 T12g/5 端子间线路的导通性测试

测试标准:				
可能性	实测结果	状态	可能原因	操作
1	小于 2Ω	正常	线束插接器故障	检修插接器
2	无穷大	异常	T73c/42 端子与 T12g/5 端子间线路断路	检修线路
3	大于 2Ω	异常	T73c/42 端子与 T12g/5 端子间线路虚接	

实测结果为无穷大,说明之前的测试和分析是正确的,维修后故障排除,系统恢复正常。

四、故障机理

由于信号线路断路故障,造成 J519 无法正确感知危险警告灯开关的状态指令,进而无法控制所有转向信号灯的工作,但由于无钥匙进入和操作转向灯开关时,系统感受到的是不同的指令,所以 J519 还可以正常控制所有转向灯的运行。

练习题:请指导老师在故障列表 5-5 中选择合适的故障点,要求学生完成并填写诊断报告。

表 5-5 危险警告灯开关点亮异常的常见故障

序号	故障性质
1	危险警告灯开关损坏
2	危险警告灯开关的信号线路断路
3	危险警告灯开关的信号线路虚接
4	危险警告灯开关的信号线路对地短路
5	危险警告灯开关的接地线路断路
6	危险警告灯开关的接地线路虚接
7	车载电网控制单元 J519 局部损坏(危险警告灯开关信号输入)

任务 6
雾灯控制系统及检修

一、任务描述

迈腾雾灯控制系统运行常见的、稳定的故障现象有三种：

1）灯光旋转开关开至示宽灯或近光灯档位，按下前雾灯开关，所有前雾灯不亮。

2）灯光旋转开关开至示宽灯或近光灯档位，按下前雾灯开关，一侧前雾灯不亮。

3）灯光旋转开关开至示宽灯或近光灯档位，按下前雾灯开关，前雾灯正常点亮；按下后雾灯开关，后雾灯不亮。

二、任务分析

要想完成以上故障的诊断与排除，需要具备以下知识和技能。

1. 相关知识

1）汽车灯光系统的总述。

2）汽车雾灯系统的认知和检测。

3）迈腾网络总线系统。

4）迈腾雾灯控制系统的组成及工作原理，如图 6-1 所示。

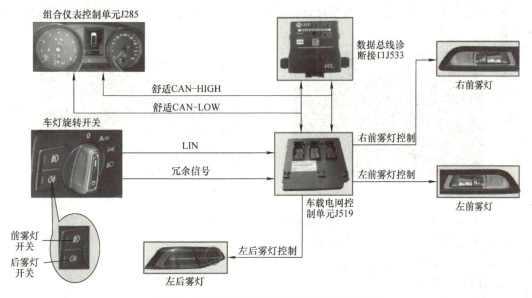

图 6-1　迈腾雾灯控制系统的组成及工作原理

— 63 —

2. 相关技能

1）万用表、示波器、解码器等常见设备的使用。
2）维修资料的查阅、线路原理图的识读和分析。
3）常见故障的诊断与排除。
4）5S 管理和操作。

三、故障分析

1. 初步分析

1）用正确的方法检测 +B，确保 +B 满足车辆要求。
2）将点火开关置于 ON 位置，观察仪表显示是否正常，如图 6-2 所示，如果仪表显示异常，就需要结合线路图和维修手册，先排除仪表显示异常的故障。

图 6-2　迈腾仪表灯光系统故障提示

3）接着旋转灯光旋转开关至示宽灯位置，如图 6-3 所示，观察仪表上氛围灯、门窗玻璃开关、音响面板、变速杆 E313 面板、空调控制面板指示灯以及外部示宽灯是否点亮。

> 注意：如果上述指示灯显示异常，则雾灯系统也可能存在异常，应结合雾灯异常情况进行维修。

4）接着开启前雾灯开关，观察前雾灯开关（图 6-4）以及仪表上前雾灯开启指示灯是否正常亮起。

图 6-3　迈腾车内开关照明指示灯

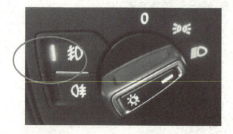
图 6-4　迈腾前雾灯开启指示

① 如果开关上的指示不能点亮，则可能存在以下故障的一个或多个：
a. 前雾灯开关自身或电源线路故障。
b. 旋转灯光旋转开关（雾灯信号）至 J519 线路故障。
c. J519 自身故障。
d. 指示灯故障。

e. 舒适系统 CAN 总线故障。

② 如果仪表上的指示不能点亮，则可能存在以下故障的一个或多个：

a. 前雾灯开关自身或电源线路故障。

b. 旋转灯光旋转开关（雾灯信号）至 J519 线路故障。

c. J519 自身故障。

d. 舒适系统 CAN 总线故障。

e. 组合仪表故障。

注意：可以参考别的功能排除某些可能。

5）接着观察仪表上是否提示灯光系统故障，如果是仪表提示灯光系统故障，则按照系统提示检查和维修灯光系统。

6）接着观察左前、右前雾灯是否正常点亮，如图 6-5 所示，如果所有前雾灯都不亮，则可能存在以下故障的一个或多个：

图 6-5　迈腾前雾灯

① J519 自身故障。

② J519 至前雾灯信号线故障。

③ 前雾灯灯泡故障。

④ 前雾灯接地线路故障。

7）接着开启后雾灯开关，观察后雾灯开关（图 6-6）以及仪表上后雾灯开启指示灯是否亮起，如果指示灯异常，则可能是开关自身故障。

8）接上步，观察仪表是否提示灯光系统故障，如果仪表提示灯光系统故障，则按照系统提示检查和维修灯光系统。

9）观察左后雾灯是否点亮，如图 6-7 所示。

图 6-6　迈腾后雾灯开关指示　　　　图 6-7　迈腾左后雾灯

如果左后雾灯不亮，则可能存在以下故障的一个或多个：

① J519 自身故障。
② J519 至左后雾灯控制线路故障。
③ 左后雾灯自身故障。
④ 左后雾灯接地线路故障。

2. DTC 分析

现在汽车一般都具有自诊断功能，即使通过故障现象可以明确故障范围，但也最好首先读取故障记忆，因为这会特别有利于快速发现故障。如果有故障代码，应清楚故障代码的定义和生成条件，并基于此展开诊断和故障检修；如果没有故障代码，则基于系统的结构和工作原理进行系统诊断。

3. 无码分析

如果没有故障代码显示，那就需要技术人员结合故障现象，分析系统线路图，列举故障可能，并按照正确的流程，利用合适的测试设备进行正确的测量，从而发现故障所在。

四、诊断流程

面对汽车灯光控制系统所发生的各种故障，诊断及处理失误将给企业和个人造成相当大的损失。正确的诊断及处理，不可能来自于盲目的主观臆断，而应该建立在获取与故障有关信息的基础上，依据迈腾灯光系统、CAN 总线系统的工作原理以及控制结构，运用科学的分析方法，按照合理的步骤进行综合分析，去伪存真、舍次取主，排除故障受害者，找出故障肇事者，这才是提高故障诊断准确性的关键所在。为了便于分析，不至于被众多杂乱无章的信息扰乱思路，需要结合线路原理图，遵从以下流程进行诊断维修。

迈腾雾灯异常诊断流程，见表 6-1。

表 6-1 迈腾雾灯异常诊断流程

流程	操作	结果		备注
1	确认 +B 大于 11.5V	正常，转至步骤 2	不正常，给蓄电池充电或更换	确保蓄电池正负极接头连接牢靠、不脏污
2	打开点火开关至 ON 档，仪表显示应正常点亮；前照灯没有点亮	正常，转至步骤 3	仪表显示不正常，结合线路图和手册，维修仪表显示异常故障	如果前照灯点亮，则检查灯光旋转开关电源、LIN 总线通信线路
3	灯光旋转开关旋至示宽灯档位，仪表、车内开关、空调面板、音响面板、变速杆 E313 面板等指示灯正常亮起	不正常，转至步骤 4	如果只是个别指示灯异常，则结合线路图和手册，排除个别指示灯异常故障	检查异常部位时，首先对插接器进行检查
	开启前雾灯开关，开关和仪表上前雾灯指示灯正常点亮			
	开启后雾灯开关，开关和仪表上后雾灯指示灯正常点亮			
4	观察仪表上没有外部灯光故障提示	无提示，转至步骤 5	有提示，转至步骤 6	检查异常部位时，首先对插接器进行检查
5	观察前后雾灯，应正常点亮	正常，转至步骤 11	异常，转至步骤 6	
6	连接故障诊断仪器，读取故障码	正常读取，转至步骤 7	无法读取故障代码，转至步骤 8 无故障代码，转至步骤 9	

（续）

流程	操作	结果		备注
7	根据实施维修里故障代码进行诊断和维修	正常，转至步骤 10		
8	检测 OBD-II 诊断接口及相关线路	正常，转至步骤 6	执行 "OBD-II 诊断接口" 诊断	使用连线时，如果解码器不亮或者使用无线传输方式时怀疑无线单元不能通信时，进行该诊断
	检测舒适 CAN 总线通信		执行 "舒适 CAN 总线通信" 诊断	
9	插接器检查	正常，转至步骤 10	不正常，维修故障部位	包括外观、退针、锈蚀等项目
	结合维修手册和线路图，对所有雾灯控制和接地线路进行电压和通断测量			测量项目包括对地电压、电阻和端对端电阻
10	故障检验	正常，转至步骤 11	不正常，转至步骤 6	
11	维修完成			

五、实施维修

1. 根据故障代码提示进行维修

利用解码器读取故障代码，按照本资源库中提供的针对每个故障代码制定的诊断流程进行故障诊断。

2. 线路检测

根据系统的结构原理，对灯光旋转开关、前雾灯开关、后雾灯开关、车载电网控制单元、数据总线诊断接口、左前雾灯、右前雾灯、左后雾灯等线路进行检测，检测方法参照本资源库的相关内容。

3. 部件检测

根据系统的结构原理，对前雾灯开关、后雾灯开关、数据总线诊断接口、左前雾灯、右前雾灯、左后雾灯等元器件进行检测，检测方法参照本资源库的相关内容。

六、总结拓展

技术报告：参照高职大赛工作页完成诊断报告，教师应根据需要设置好故障点，也可根据本课件中提供的实际案例制定标准答案。

拓展实训：教师可以在车辆上给学生设置相类似的其他故障，让学生独立完成，以考核学生的掌握水平。

6.1 雾灯控制系统的组成及工作原理

一、迈腾雾灯控制系统结构组成

迈腾雾灯控制系统通过车载电网控制单元 J519 集中控制，系统主要包含以下元器件：灯光旋转开关、前雾灯开关、后雾灯开关、左前雾灯总成、右前雾灯总成、左后尾灯总成

（含后雾灯）、数据总线诊断接口 J533、组合仪表控制单元 J285、车载电网控制单元 J519，如图 6-8 所示。

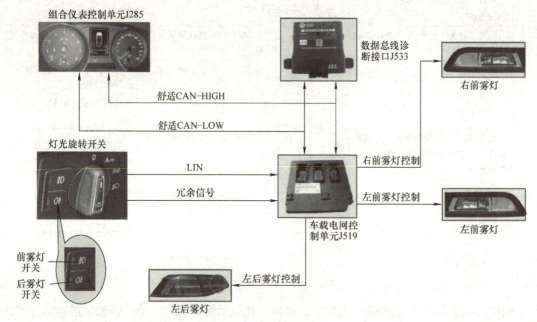

图 6-8 迈腾雾灯控制系统结构组成

1. 灯光旋转开关

灯光旋转开关安装在转向柱左侧仪表台偏下的位置，如图 6-9 所示为灯光旋转开关工作原理图。控制开关由灯光旋转开关、前雾灯开关、后雾灯开关、控制单元组成。

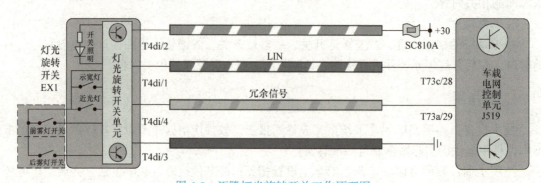

图 6-9 迈腾灯光旋转开关工作原理图

1）灯光旋转开关旋至示宽灯位置时，灯光旋转开关单元接收到示宽灯开启信号，单元将接收到的模拟电压信号转换为数字信号，通过 LIN 总线将此信号发送至 J519；或者灯光旋转开关旋至近光灯位置时，灯光旋转开关单元接收到近光灯开启信号，单元将接收到的模拟电压信号转换为数字信号，通过 LIN 总线将此信号发送至 J519。

2）按压前雾灯开关，灯光旋转开关单元接收到前雾灯开启信号，单元将接收到的模拟电压信号转换为数字信号，通过 LIN 总线将此信号发送至 J519。

3）按压后雾灯开关，灯光旋转开关单元接收到后雾灯开启信号，单元将接收到的模拟电压信号转换为数字信号,通过 LIN 总线将此信号发送至 J519。

以上为前后雾灯开启顺序,如果顺序错误,将导致系统工作错乱:在示宽灯档位时,如果只操作后雾灯开关,则前后雾灯均不亮;在近光灯档位时,如果只操作后雾灯开关,则前雾灯不亮,但后雾灯点亮。

2. 前雾灯总成

汽车在雾、雪和大雨等恶劣气候条件下,或者在烟尘弥漫的环境中行驶时,为了照亮前方道路、保障行车安全而必须采用前雾灯照明。近年来,在造型设计方面,多将雾灯设置在前保险杠上,如图 6-10 所示。

图 6-10 迈腾前雾灯安装位置

迈腾前雾灯采用卤素灯泡,如图 6-11 所示。卤素灯泡(英文:halogen lamp)简称为卤素泡或者卤素灯,又称为钨卤灯泡、石英灯泡,是白炽灯的一个变种。其原理是在灯泡内注入碘或溴等卤素气体,在高温下,升华的钨丝与卤素进行化学作用,冷却后的钨会重新凝固在钨丝上,形成平衡的循环,避免钨丝过早断裂。因此卤素灯泡比白炽灯更长寿。

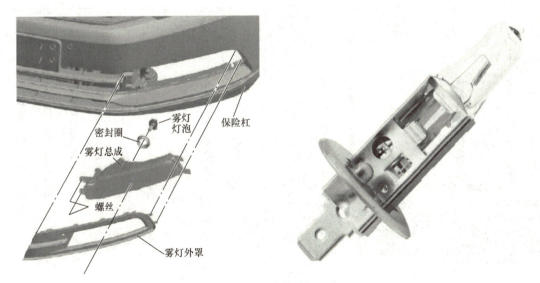

图 6-11 迈腾前雾灯组成

迈腾前雾灯由反光镜、配光镜、灯泡(或 LED)、遮光罩和垂直灯光调节装置及外壳等组成,以灯泡可换的装置可动型及反射镜可动型为主。灯泡多为 55W 的卤素灯泡。另外,光束调整一般仅为上下方向。

光源的灯丝设计在反光镜抛物面的焦点上,经反光镜反射后形成与光轴平行的光束射出。配光镜将光束经过扩散、折射后形成较宽的水平光束,并使其光形和照度符合法规要求。前雾灯内的遮光罩是为了将灯丝向反光镜上半部分照射的光线遮住,使其配光有一清晰的明暗截止线,即上暗下明。在配光光形边缘上部的可见区域内尽可能的暗,而下部亮区两侧水平方向扩散角应为50°,形成一个左右横向的亮区,以满足既不眩目又可为安全行车提供良好的照明条件。

3. LED 后雾灯

迈腾为了节省电能以及增加雾灯的亮度,后雾灯警示照明采用 LED 单元照明的方式。其 LED 雾灯光束如图 6-12 所示。

二、雾灯控制系统的工作过程

1)从迈腾雾灯控制线路图(图 6-13)上可以看出。灯光旋转开关旋至示宽灯或近光灯位置时,灯光旋转开关单元接收到示宽灯或近光灯开启信号,单元将接收到的模拟电压信号转换为数字信号,通过

图 6-12 迈腾 LED 雾灯光束

LIN 总线将此信号发送至 J519。J519 接收到此信号后,接通车外示宽灯或近光灯线路,并通过数据总线将示宽灯开启信号发送至其他控制单元,各控制单元接收此信号后开启对应的室内开关照明。

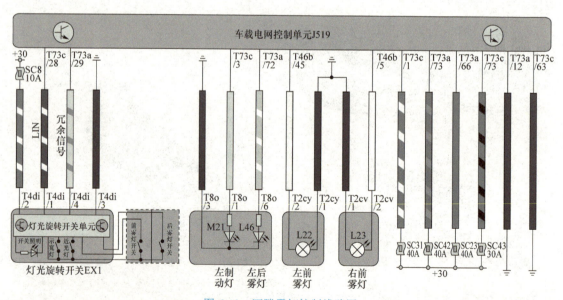

图 6-13 迈腾雾灯控制线路图

2)按下前雾灯开关,前雾灯开关信号接通,灯光旋转开关单元接收到前雾灯开启信号,单元将接收到的模拟电压信号转换为数字信号,通过 LIN 总线将此信号发送至 J519。J519 接收到此信号后,接通车外前雾灯线路,前雾灯点亮。

3）此时再按下后雾灯开关，后雾灯开关信号接通，灯光旋转开关单元接收到后雾灯开启信号，单元将接收到的模拟电压信号转换为数字信号，通过 LIN 总线将此信号发送至 J519。J519 接收到此信号后，接通车外左后雾灯线路，左后雾灯点亮。

6.2　雾灯控制系统常见故障的诊断与排除

从迈腾雾灯控制线路原理图（图 6-14）上可以看出，为了更好地监测和控制前后雾灯灯光开启和关闭，前后雾灯的电源均由车载电网控制单元 J519 提供并控制。

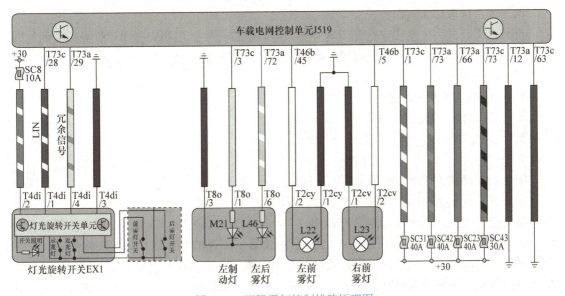

图 6-14　迈腾雾灯控制线路原理图

点火开关打开，灯光旋转开关 EX1 开至示宽灯或近光灯位置，按下前雾灯按键，灯光旋转开关 EX1 通过 LIN 总线向 J519 发送前雾灯开启信号，J519 的 T46b/5 端子向右前雾灯的 T2cv/2 端子提供电源，再通过右前雾灯的 T2cv/1 端子接地构成回路，点亮右前雾灯；J519 的 T46b/45 端子向左前雾灯的 T2cy/2 端子提供电源，再通过左前雾灯的 T2cy/1 端子接地构成回路，点亮左前雾灯；J519 的 T73a/72 端子向后雾灯的 T8o/6 端子提供电源，再通过后雾灯的 T8o/3 端子接地构成回路，点亮后雾灯。

一、故障现象

打开点火开关，日间行车灯点亮，仪表显示未见异常；示宽灯档时，示宽灯和车内氛围灯延迟点亮，近光灯间歇性闪烁，仪表提示"故障：车辆照明"，前后雾灯均不亮；近光灯档时，近光灯延迟点亮，前后雾灯均不亮。

二、故障分析

打开点火开关后，灯光系统没有进入应急状态，说明 J519 接收到了正确的灯光旋转开关关闭信号，近光灯档时，近光灯延迟点亮，说明近光灯及其线路正常，但在示宽灯档时示宽灯延迟点亮，近光灯间歇性闪烁，说明J519无法完全识别灯光开关的信号。那可能的故障原因有：

1）EX1自身故障。
2）EX1线路故障。
3）J519局部故障。

三、诊断过程

第一步：读取故障代码。

打开点火开关，用解码器读取系统故障代码，发现"09→灯光旋转开关EX1不可信信号"。

第二步：读取诊断数据流。

打开点火开关，反复操作灯光旋转开关、前后雾灯开关，用解码器读取灯光开关的诊断数据流，正常情况下，数据流应可以正确反映灯光旋转开关的动作，否则说明故障存在。实测数据流：

1）关闭档：激活→未激活→未激活。
2）示宽灯档：未激活→未激活→未激活。
3）近光灯档：未激活→未激活→未激活。
4）冗余信号：关闭→示宽灯档→近光灯档。

测试结果异常，说明之前的分析是正确的。

第三步：测量J519端的灯光旋转开关LIN总线信号波形。

打开点火开关，用示波器测量J519的T73c/28端子对地波形，正常情况下，应测得标准的LIN总线信号波形，实测为如图6-15所示的波形，体现出LIN总线的波形幅值随灯光开关的不同档位而变化，示宽灯档和近光灯档时波形幅值与冗余信号波形幅值相同，说明LIN总线可能与冗余信号线路短路。为了确定故障部位和故障性质，应断开LIN总线，对两端分别进行测量。

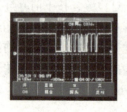 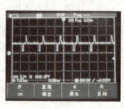 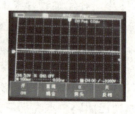

关闭档　　　　　　示宽灯档　　　　　　近光灯档

图6-15　J519的T73c/28端子实测波形

第四步：线路检查。

关闭点火开关，用万用表测量线束端T73c/28、T73a/29之间的电阻，测试结果为0Ω，说明两者之间短路，这证明了之前的测试和分析是正确的。为了进一步测试故障部位，建议拔掉EX1插接器，继续进行检查。

第五步：元件测试。

关闭点火开关，拆下蓄电池负极，拔下EX1电气插接器，用万用表测量EX1的T4di/1端子与T4di/4端子之间的电阻，发现为0Ω，说明开关内部短路。更换开关后，系统恢复正常。

四、故障机理

因为EX1的LIN总线与冗余信号线路之间短路，导致J519无法接收到EX1通过LIN总线传输的开关档位信息，所以在示宽灯档时，示宽灯和车内氛围灯延迟点亮，近光灯间歇性闪烁，前后雾灯均不亮；近光灯档时，近光灯延迟点亮，前后雾灯均不亮。

不同档位时的冗余信号波形如图6-16所示。

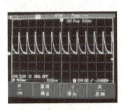 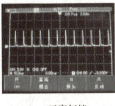 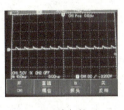

关闭档　　　　　　示宽灯档　　　　　　近光灯档

图6-16　J519的T73a/29端子冗余信号波形

任务 7
倒车灯控制系统及检修

一、任务描述

迈腾倒车灯控制系统运行常见的、稳定的故障现象有两种：
1）一辆迈腾车辆，发动机起动后运行，踩制动踏板，挂入倒档，所有倒车灯不亮。
2）一辆迈腾车辆，发动机起动后运行，踩制动踏板，挂入倒档，一侧倒车灯不亮。

二、任务分析

要想完成以上故障的诊断与排除，需要具备以下知识和技能。

1. 相关知识

1）汽车灯光系统的总述。
2）汽车倒车灯系统的认知和检测。
3）迈腾网络总线系统。
4）迈腾倒车灯控制系统的组成及工作原理，如图 7-1 所示。

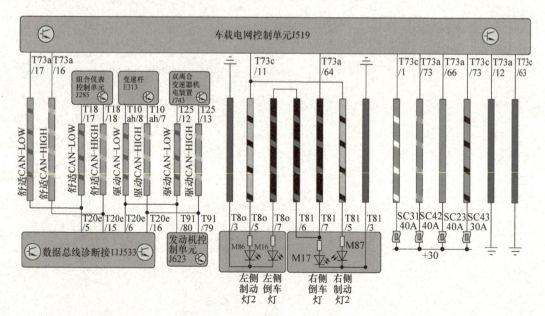

图 7-1　迈腾倒车灯控制系统的组成及工作原理

2. 相关技能

1）万用表、示波器和解码器等常见设备的使用。

2）维修资料的查阅和线路原理图的识读和分析。

3）常见故障的诊断与排除。

4）5S 管理和操作。

三、故障分析

1. 初步分析

1）正确的方法检测 +B，确保 +B 满足车辆要求。

2）打开点火开关，观察仪表显示是否正常，如图 7-2 所示，如果仪表显示异常，就需要结合线路图和维修手册先排除仪表显示异常的故障。

图 7-2　迈腾仪表显示

3）接着观察变速杆面板档位指示灯目前的状态（P 或 N）显示是否正常，如图 7-3 所示。

图 7-3　迈腾变速杆面板档位指示灯

如果变速杆面板档位指示灯显示异常，则可能存在以下故障：

① P 或 N 位传感器及线路损坏（变速杆 E313 控制单元内部）故障。

② 变速杆 E313 控制单元本身或电源故障。

③ P 或 N 位指示灯及线路损坏（变速杆 E313 控制单元内部）故障。

4）接着将变速杆移入 R 位，观察变速杆面板档位指示灯是否正常。

如果变速杆面板上只是 R 位指示灯不亮，则可能存在以下故障：

① R 位传感器及线路损坏（变速杆 E313 控制单元内部）故障。
② R 位指示灯及线路损坏（变速杆 E313 控制单元内部）故障。
5) 接着观察仪表上 R 位指示灯是否正常，如图 7-4 所示。

图 7-4　迈腾仪表 R 位指示灯

如果组合仪表上 R 位指示异常，结合迈腾数据总线原理图（图 7-5），则可能存在以下故障：

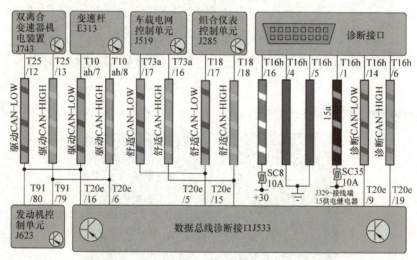

图 7-5　迈腾数据总线诊断通信线路图解

① 变速杆 E313 控制单元自身故障。
② 驱动 CAN 总线数据通信故障。
③ 数据总线诊断接口 J533（网关）故障。
④ 舒适 CAN 总线数据通信故障。
⑤ 组合仪表控制单元 J285 自身故障。
6) 观察后尾灯上倒车灯是否点亮。
① 如果后尾灯上倒车灯全部不亮，则可能存在以下故障：
a. J519 自身故障。
b. J519 至左、右后尾灯倒车灯控制线路（节点以前）故障。

② 如果后尾灯上倒车灯一侧不亮，则可能存在以下故障：
a. J519 至一侧倒车灯控制线路节点到某倒车灯之间线路故障。
b. 某倒车灯自身故障。
c. 某倒车灯接地线路故障。

2. DTC 分析

现在汽车一般都具有自诊断功能，即使通过故障现象可以明确故障范围，但也最好首先读取故障记忆，因为这会特别有利于快速发现故障。如果有故障代码，应清楚故障代码的定义和生成条件，并基于此展开诊断和故障检修；如果没有故障代码，则基于系统的结构和工作原理进行系统诊断。

3. 无码分析

如果没有故障代码显示，那就需要技术人员结合故障现象，分析系统线路图，列举故障可能，并按照正确的流程，利用合适的测试设备进行正确的测量，从而发现故障所在。

四、诊断流程

面对汽车灯光系统所发生的各种故障，诊断及处理失误将给企业和个人造成相当大的损失。正确的诊断及处理，不可能来自于盲目的主观臆断，而应该建立在获取与故障有关信息的基础上，依据迈腾灯光系统、CAN 总线系统的工作原理以及控制结构，运用科学的分析方法，按照合理的步骤进行综合分析，去伪存真、舍次取主，排除故障受害者，找出故障肇事者，这才是提高故障诊断准确性的关键所在。为了便于分析，不至于被众多杂乱无章的信息扰乱思路，需要结合线路原理图，遵从以下流程进行诊断维修。

倒车灯异常诊断流程，见表 7-1。

表 7-1 迈腾倒车灯异常诊断流程

步骤	操作	结果		备注
1	确认 +B 大于 11.5V	正常，转至步骤2	不正常，给蓄电池充电或更换	确保蓄电池正负极接头连接牢靠、不脏污
2	打开点火开关至 ON 档，仪表显示应正常点亮；仪表档位显示和变速杆面板档位指示灯正常	正常，转至步骤3	仪表显示不正常，结合线路图和手册，维修仪表显示异常故障；仪表档位显示和变速杆面板档位指示灯异常，结合线路图和手册维修仪表异常故障	先排除仪表显示异常故障，再排除仪表档位显示和变速杆面板档位指示灯异常故障
3	变速杆移至 R 位位置，观察仪表上没有外部灯光故障提示	无提示，转至步骤4	有提示，结合线路图和维修手册对提示部位进行检查和维修	检查异常部位时，首先对插接器进行检查
4	观察后部两个倒车灯正常点亮	正常，转至步骤10	异常转至步骤5	
5	连接故障诊断仪器，读取故障代码	正常读取，转至步骤6	无法读取故障代码，转至步骤7；无故障代码转至步骤8	
6	根据实施维修里故障代码进行诊断、维修	正常，转至步骤9		

（续）

步骤	操作	结果		备注
7	检测 OBD-II 诊断接口及相关线路	正常，转至步骤 5	执行"OBD-II 诊断接口"诊断	使用连线时，如果解码器不亮或者使用无线传输方式时怀疑无线单元不能通信时，进行该诊断
	检测舒适 CAN 总线通信		执行"舒适 CAN 总线通信"诊断	
8	插接器检查	正常，转至步骤 10	不正常，维修故障部位	包括外观、退针、锈蚀等项目
	结合维修手册和线路图对左、右倒车灯控制和接地线路进行电压和通断测量			测量项目包括对地电压、电阻和端对端电阻
9	故障检验	正常，转至步骤 10	不正常，转至步骤 5	
10	维修完成			

五、实施维修

1. 根据故障代码提示进行维修

利用解码器读取故障代码，按照本资源库中提供的针对每个故障代码制定的诊断流程进行故障诊断。

2. 线路检测

根据系统的结构原理，对变速杆 E313 控制单元（带档位传感器）、双离合变速器机电装置 J743、数据总线诊断接口 J533、组合仪表控制单元 J285、车载电网控制单元 J519、左、右后尾灯总成等线路进行检测，检测方法参照本资源库的相关内容。

3. 部件检测

根据系统的结构原理，对变速杆 E313 控制单元（带档位传感器）、双离合变速器机电装置 J743、数据总线诊断接口 J533、组合仪表控制单元 J285、车载电网控制单元 J519、左、右后尾灯总成等元器件进行检测，检测方法参照本资源库的相关内容。

六、总结拓展

技术报告：参照高职大赛工作页完成诊断报告，教师应根据需要设置好故障点，也可根据本课件中提供的实际案例制定标准答案。

拓展实训：教师可以在车辆上给学生设置相类似的其他故障，让学生独立完成，以考核学生的掌握水平。

倒车灯控制系统的组成及工作原理

一、倒车灯控制系统的组成

迈腾倒车灯控制系统通过车载电网控制单元 J519 集中控制，系统包含变速杆 E313 控制单元（带档位传感器）、双离合变速器机电装置 J743、数据总线诊断接口 J533、组合仪表控制单元 J285、车载电网控制单元 J519、左、右后尾灯总成等元器件，如图 7-6 所示。

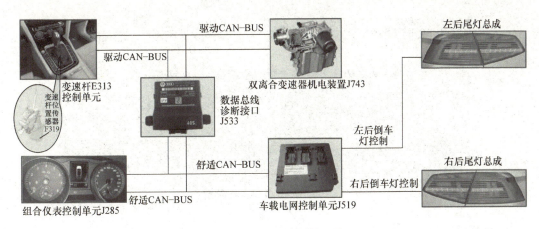

图 7-6 迈腾倒车灯结构组成

1. 变速杆 E313

变速杆 E313 将驾驶人对车辆控制的运动方式信息（停车、前进、倒车）通过驱动 CAN 总线传递给网关控制器 J533、发动机控制单元 J623、双离合变速器机电装置 J743。J743 接收到此信息后控制内部执行器档位控制阀、离合器控制阀等动作，变速器电控及机械机构转入倒档模式。网关控制器 J533 接收到此信息后通过舒适 CAN 总线将此信息发送至车载电网控制单元 J519 和组合仪表。车载电网控制单元 J519 接收到此信息后控制后部倒车灯点亮，警示行人以及其他车辆。在暗光线的情况下还可为驾驶人倒车提供后部照明。组合仪表接收到此信息后，控制仪表上"R"指示灯点亮，提醒驾驶人车辆目前所处的运行状态及方向。

变速杆 E313 内部由 7 个霍尔传感器按不同位置排列在 E313 的 PCB 上，如图 7-7 所示为变速杆 E313 结构图。移动变速杆，7 个霍尔传感器输出高低不同的电位，E313 内部检测到各个传感器输出的高低电位，生产编码，并和内部存储的档位信息编码进行比对，如果编码符合内部所存储的档位中 N、P、R、D、S 中的某一个，变速杆 E313 通过驱动 CAN 总线将对应档位信息发出。

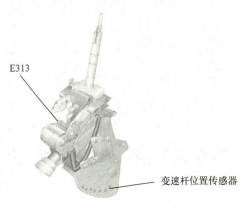

图 7-7 变速杆 E313 结构图

2. LED 倒车灯

迈腾 LED 尾灯（含倒车灯）结构如图 7-8 所示，为了节省电能以及增加后尾灯亮度，后尾灯内部的照明以及警示灯采用 LED 单元显示的方式。

二、迈腾倒车灯系统工作过程

从迈腾倒车灯控制线路图（图 7-9）上可以看出。当变速杆被置于倒档位置时，变速杆 E313 控制单元检测到变速杆位置传感器发出的倒档信号，同时点亮变速杆控制面板上的倒车标志符号灯。

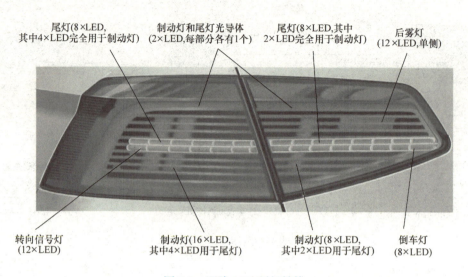

图 7-8 迈腾 LED 尾灯结构

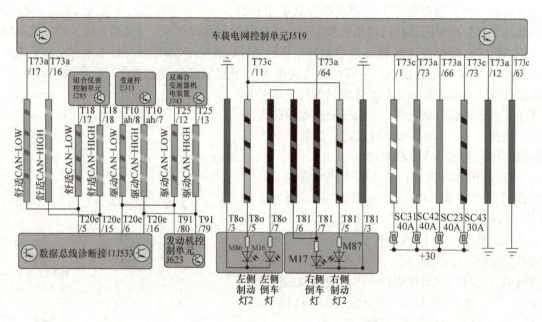

图 7-9 迈腾倒车灯控制线路图

变速杆 E313 控制单元通过驱动数据总线将这一数据信息发送至发动机控制单元 J623、双离合变速器机电装置 J743、数据总线诊断接口 J533。双离合变速器机电装置 J743 控制液压机构将齿轮转换至倒车状态。

数据总线诊断接口 J533 将数据处理后，通过舒适数据总线将这一数据信息发送至车载电网控制单元 J519、组合仪表控制单元 J285。组合仪表控制单元 J285 接收到此信息后点亮仪表上倒档位置的档位显示符号；J519 接收到此消息后，分别接通左后和右后倒车灯总成中的 6 个 LED 电源，LED（倒车灯）点亮。

附录 A
汽车总线系统及检修

A1　汽车总线系统的结构与工作原理

车辆内部有很多部件都依赖于来自其他部件的信息并向其他部件传输信息或者两者并存。总线数据通信网络就提供了这样一个可靠的、经济有效的通路，使车辆内的不同部件之间可以互相"联系"并分享信息。

一、总线的分类

当前汽车上常用的数据总线有 CAN 总线、LIN 总线和 MOST 总线三种，如图 A-1 所示。
1）CAN 网络 500kbit/s。
2）LIN 网络 19.2kbit/s。
3）MOST150 网络 150Mbit/s。

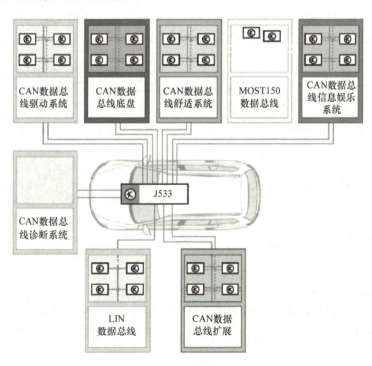

图 A-1　迈腾联网方案

— 81 —

1. CAN 总线

CAN 总线由双绞线组成，一条信号线路被标识为 CAN-HIGH，另一条信号线路被标识为 CAN-LOW。在数据总线的末端，CAN-HIGH 和 CAN-LOW 线路之间有一个 120Ω 的终端电阻，如图 A-2 所示。

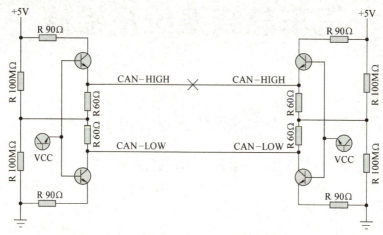

图 A-2　CAN 总线原理图

数据符号（1 和 0）以 500kbit/s 的速率按顺序传输。通过总线传输的数据通过 CAN-HIGH 信号电压和 CAN-LOW 信号电压之间的电压差来表示，如图 A-3 所示。在两个线路总线处于静止时，CAN-HIGH 和 CAN-LOW 信号线路未被 VCC 驱动，这代表逻辑"0"，在此状态下，两个信号线路电压均为 2.5V，此时两线之间的电压差约为 0V；当传输逻辑"1"时，VCC 向两个三极管提供控制电压，CAN-HIGH 信号线路被拉高至大约 3.5V，CAN-LOW 线路被拉低至约 1.5V，此时两线之间的电压差约为（2.0±0.5）V。

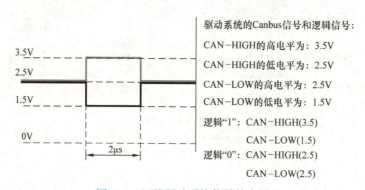

图 A-3　迈腾驱动系统信号特点图

2. LIN 总线

Local Interconnect（局域互联）表示所有的控制单元都装在一个有限的空间内（如车门），所以它也被称为"局域子系统"。LIN 总线系统是单线式总线，底色是紫色，有标志色。该线的横截面面积为 $0.35mm^2$，无须屏蔽。图 A-4 所示为采用 LIN 总线进行数据传递的空调鼓风机控制系统。

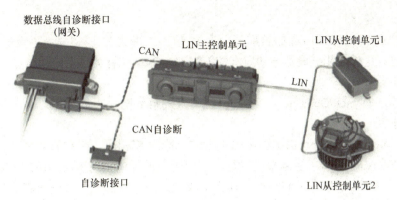

图 A-4　迈腾空调鼓风机控制

车上各个 LIN 总线系统之间的数据交换是由控制单元通过 CAN 数据总线实现的。LIN 总线系统可以让一个 LIN 主控制单元与最多 16 个 LIN 从控制单元进行数据交换。LIN 主控制单元连接在 CAN 数据总线上，负责执行 LIN 的主功能，主要作用包括：

1）监控数据传递及其速率，发送信息标题。

2）该控制单元的软件内已经设定了一个周期，该周期用于决定何时将哪些信息发送到 LIN 数据总线上多少次。

3）该控制单元在 LIN 数据总线系统的 LIN 控制单元与 CAN 总线之间起"翻译"作用，它是 LIN 总线系统中唯一与 CAN 数据总线相连的控制单元。

4）通过 LIN 主控制单元进行与之相连的 LIN 从控制单元的自诊断。

5）信息的顺序。在 LIN 数据总线系统内，单个控制单元或传感器及执行元件都可看作 LIN 从控制单元，LIN 执行元件都是智能型的电子或机电部件，这些部件通过 LIN 主控制单元的数字信号接受任务。LIN 主控制单元通过集成的传感器来获知执行元件的实际状态，然后就可以进行规定状态和实际状态的对比。只有当 LIN 主控制单元发送出标题后，传感器和执行元件才会作出反应。

LIN 总线数据传递速率为 1~20kbit/s，在 LIN 控制单元的软件内已经设定完毕，该速率最大能达到舒适 CAN 数据传递速率的五分之一。由于控制单元内的接收/发送单元有不同的型号，所以表现出的显性电平也有所不同。

图 A-5 所示为 LIN 总线信号波形，如果无信息发送到 LIN 数据总线上或者发送到 LIN 数据总线上的是一个隐性比特，那么数据总线导线上的电压就是 +B，这个电压称之为隐性电平。为了将显性比特传到 LIN 数据总线上，发送控制单元内的接收/发送单元会将数据总线导线接地，这个电压称之为显性电平。

从 LIN 总线信号波形上可以看出，信号曲线上不同阶段的占空比和脉宽有所区别，这些信息都称为信息标题，如图 A-6 所示，信息标题由 LIN 主控制单元按周期发送。信息标题分为以下四部分：

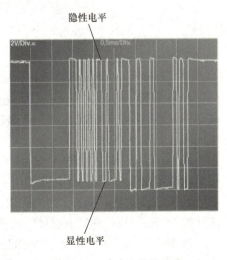

图 A-5　LIN 总线信号波形

(1) 同步暂停区

同步暂停区 (Synch Break) 的长度至少为 13 位（二进制），它以显电平发送。这 13 位的长度是必需的，这样才能准确地通知所有的 LIN 从控制单元有关信息的起始点。

(2) 同步分界区

同步分界区 (Synch Delimiter) 至少为一位（二进制）长，且为隐性。

(3) 同步区

同步区（Synch Field) 由 0101010101 这个二进制位序构成，所有的 LIN 从控制单元通过这个二进制位序来与 LIN 主控制单元进行匹配。所有控制单元同步对于保证正确的数据交换是非常有必要的。如果失去了同步性，那么接收到的信息中的某一数位值就会发生错误，该错误会导致数据传递错误。

(4) 识别区

识别区的长度为 8 位（二进制），头 6 位是回应信息识别码和数据区的个数。回应数据区的个数在 2~8。后两位是校验位，用于检查数据传递是否有错误。当出现识别码传递错误时，校验可防止与错误的信息适配。

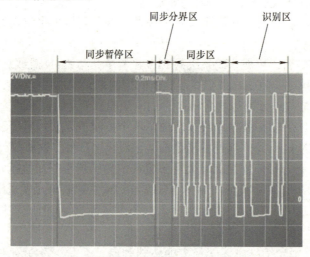

图 A-6　迈腾 LIN 数据总线信息标题

3. MOST 总线

从 "Media Oriented Systems Transport" 这个名字就可看出，它是一种用于多媒体数据传送的网络系统，这也就是说该系统将符合地址的信息传送到某一接收器上，这点与 CAN 数据总线是不同的，MOST 总线的传输速率最高可达 21.2 Mbit/s。

(1) 传输速率

图 A-7 为迈腾信息娱乐系统 MOST 总线传输速率分布图，从中可以看出，这种光纤数据传输对于实现 Infotainment 系统的所有功能具有重要意义，因为以前所使用的 CAN 数据总线系统的传输速度是不够的，因而无法满足相应的数据量传送。视频和音频所要求的数据传输率达数 Mbit/s，仅仅是带有立体声的数字式电视信号，就需要约 6 Mbit/s 的传输速度。

在 MOST 总线中，相关部件之间的数据交换是以数字方式来进行的。与无线电波相比，光波的波长更短，因此它不会产生电磁干扰；同时通过光波进行数据传递有导线少且重量轻的优点。

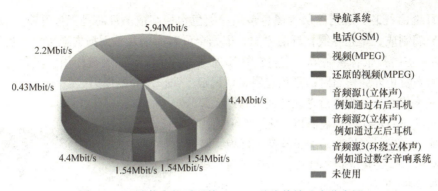

图 A-7 迈腾信息娱乐系统 MOST 总线传输速率分布图

（2）控制单元结构组成

图 A-8 所示为 MOST 总线控制单元部件结构示意图，主要由光导纤维、电气插头、内部供电装置、收发单元-光导发射器、MOST-收发机、标准微控制器、专用部件等组成。

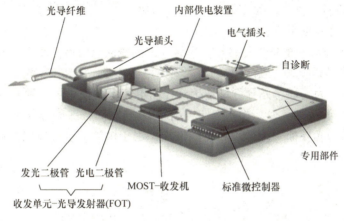

图 A-8 MOST 总线控制单元部件结构示意图

1）光导纤维。如图 A-9 所示为光导纤维（LWL）的传输过程示意图，其任务是将在某一控制单元发射器内产生的光波传送到另一控制单元的接收器。

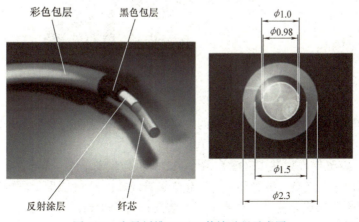

图 A-9 光导纤维 (LWL) 传输过程示意图

光导纤维由纤芯、反射涂层、黑色包层和彩色包层组成。纤芯是光导纤维的核心部分，它由有机玻璃制成，是光导线，纤芯内的光根据全反射原理几乎无损失地传导；透光的涂层（反射涂层）是由氟聚合物制成，它包在纤芯周围，对全反射起关键作用；黑色包层是由尼龙制成，用来防止外部光照射；彩色包层起到识别、保护及隔温作用。

光导纤维将一部分光波沿直线传送，而绝大部分光波是按全反射原理在纤芯表面以"之"字形曲线传送。光波通过全反射在纤芯的涂层界面上反射，从而可以弯曲传送。当一束光以小角度照射到折射率高的材料与折射率低的材料之间的界面时，那么光束就会被完全反射，这就称作全反射。光导纤维中的纤芯是折射率高的材料，涂层是折射率低的材料，所以全反射发生在纤芯的内部。这个效应取决于从内部照射到界面的光波角度，如果该角度过陡，那么光波就会离开纤芯，从而造成较大损失，如图 A-10 所示，所以光导纤维的曲率半径不可小于 25mm。

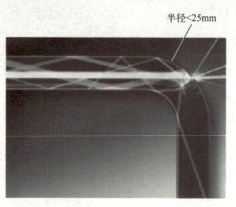

图 A-10　光导纤维弯曲或弯折过度

为了能使传输过程中的损失尽量小，光导纤维的端面应光滑、垂直、洁净。切削面上的污垢和刮痕会加大传送损失（衰减），因此需要使用了种专用的切削工具。

2）电气插头。为了能将光导纤维连接到控制单元上，使用了一种专用插头。插塞连接上有一个信号方向箭头，它表示输入方向（通向接收器），插头壳体就是与控制单元的连接处。图 A-11 所示为光导插头结构示意图，该插头用于供电、自诊断以及输入/输出信号的传输。

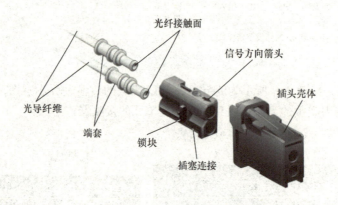

图 A-11　光导插头结构示意图

3）内部供电装置。由电气插头送入的电再由内部供电装置分送到各个部件，这样就可单独关闭控制单元内某一部件，从而降低了静态电流。

4）收发单元-光导发射器（FOT）。图 A-12 所示为收发单元-光导发射器（FOT）结构示意图，该装置由一个光电二极管和一个发光二极管组成。发光二极管的作用是把 MOST-收发机的电压信号再转换成光信号；产生出的光波波长为 650nm，是可见红光；数据经光波调制后传送，调制后的光经由光导纤维传到下一个控制单元。

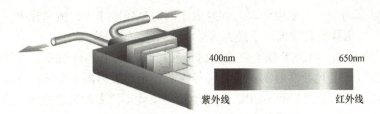

图 A-12　收发单元 - 光导发射器 (FOT)

接收到的光信号由光电二极管转换成电压信号后传至 MOST 收发机，光电二极管的作用是将光波转换成电压信号。光电二极管内有一个 PN 结，光可以照射到这个 PN 结上。由于 P 型层很厚，绝缘层只能刚刚够得到 N 型层，在 P 型层上有一个正极触点，N 型层与金属底板（负极）接触，如图 A-13 所示。

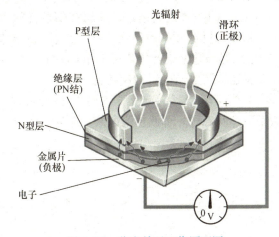

图 A-13　收发单元工作原理图

如果光或红外线辐射照到 PN 结上，就会产生自由电子和空穴，从而形成一个穿越 PN 结的电流，也就是说：作用到光电二极管上的光越强，流过光电二极管的电流就越大，这个过程称为光电效应，如图 A-14 所示。

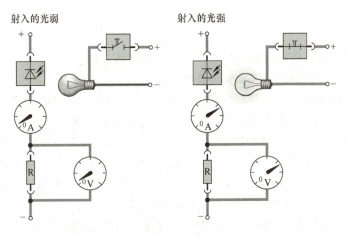

图 A-14　光电二极管工作过程

光电二极管反向与一个电阻串联。如果由于照射光强度增大，流过光电二极管的电流增大，那么电阻上的压降也就增大，于是光信号就被转换成电压信号。

5）MOST 收发机。MOST 收发机由发射机和接收机两个部件组成。发射机将要发送的信息作为电压信号传至光导发射器；接收机接收来自光导发射器的电压信号并将所需的数据传至控制单元内的标准微控制器（CPU）。其他控制单元不需要的信息由收发机来传送，而不是将数据传到 CPU 上，这些信息原封不动发至下一个控制单元。

6）标准微控制器。标准微控制器是控制单元的核心元件，它的内部有一个微处理器，用于操纵控制单元的所有基本功能。

7）专用部件。这些部件用于控制某些专用功能，例如 CD 播放机和收音机调谐器。

（3）信息帧

由于使用了固定的时间光栅，所以脉冲频率允许传递同步数据。如果要同步传递诸如声音和动态图像（视频）这样的一些数据信息，那这些信息必须以相同的时间间隔来发送。系统管理器一般以 44.1kHz 的脉冲频率向环状总线上的下一个控制单元发送信息帧，而 44.1kHz 这个固定的脉冲频率正好与数字式音频装置（如 CD 机、DVD 机、DAB 收音机）的传递频率相同，这样就可以将这些装置连接到 MOST 总线上了。

一个信息帧的大小为 64 个字节，1 个字节等于 8 位。可分成起始区、分界区、数据区、第一校验字节、第二校验字节、状态区、奇偶校验区共 7 部分，如图 A-15 所示。

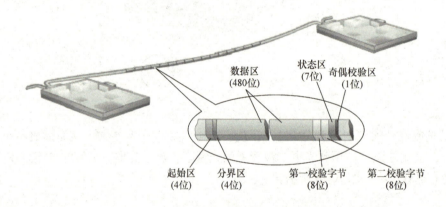

图 A-15　信息帧的结构

1）起始区，表示一个信息帧的开始，每段信息帧都有自己的起始区。

2）分界区，用于区分起始区和紧跟着的数据区。

3）数据区，MOST 总线在数据区最多可将 60 个字节的有效数据发送到控制单元。数据区的分配是可变的，数据区的同步数据在 24~60 个字节之间，同步数据的传递具有优先权。

4）第一校验字节和第二校验字节，一个信息组中的校验字节在控制单元内汇成一个校验信息帧，一个信息组中有 16 个信息帧，校验信息帧内包含有控制（第一校验字节）和诊断数据（第二校验字节），这些数据由发射器传送到接收器，称之为根据地址进行的数据传递。

5）状态区，包含用于给接收器发送信息帧的信息。

6）奇偶校验区，用于最后检查数据的完整性，该区的内容将决定是否需要重复发送过程。

(4) 功能流程

如果 MOST 总线处于休眠模式，那么首先须通过唤醒过程将系统切换到备用模式，该过程一直进行到系统管理器为止，系统管理器根据传来的伺服光来识别是否有系统起动的请求。如果某一控制单元（系统管理器除外）唤醒了 MOST 总线，那么该控制单元就会向下一个控制单元发射一种专门调制的光（称为伺服光），如图 A-16 所示。然后系统管理器向下一个控制单元发送一种专门调制的光（称为主光）。这个主光由所有的控制单元继续传递，光导发射器（FOT）接收到主光后，系统管理器就可识别出环形总线现在已经封闭了，可以开始发送信息帧了，如图 A-17 所示。

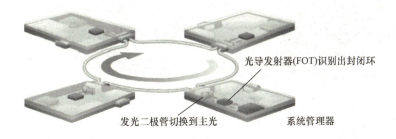

图 A-16 系统起动（唤醒）

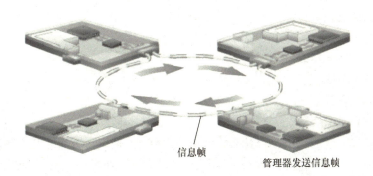

图 A-17 数据传递

环状总线上的下一个控制单元通过在休眠模式下工作的光电二极管来接收这个伺服光并将此光继续下传。首批信息帧要求 MOST 总线上的控制单元提供标识符。诊断管理器将报告上来的控制单元（实际配置）与一个所安装的控制单元存储表（规定配置）进行对比。

系统管理器根据标识符向环形总线上的所有控制单元发送实时顺序（实际配置），于是就可以进行根据地址的数据传递了。如果实际配置与规定配置不相符，诊断管理器就会存储相应的故障。这时唤醒过程就结束了，可以开始数据传递了。

图 A-18 所示为迈腾 MOST 总线系统结构示意图，除系统管理器外，还有一个诊断管理。该管理器执行环形中断诊断，通过 J794-电子通信信息设备 1 控制单元将诊断数据传给 J533-数据总线诊断接口，在通过诊断 CAN 将数据传输给诊断仪器。

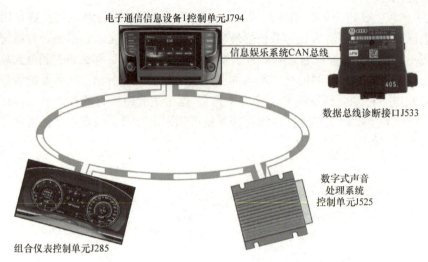

图 A-18 迈腾 MOST 总线系统结构示意图

二、总线的划分

迈腾 B8 在 B7 的基础上，重新划分 CAN 总线结构，具体包括以下 7 种：

1）驱动 CAN 总线。
2）底盘 CAN 总线。
3）舒适 CAN 总线。
4）信息娱乐 CAN 总线。
5）扩展 CAN 总线。
6）诊断 CAN 总线。
7）MOST150 CAN 总线。

其中底盘 CAN 总线、扩展 CAN 总线两条是迈腾 B8 整车新增加的两条数据总线，同时，除了 MOST150 总线，其他 CAN 总线均采用了和驱动总线速率相同的 500kbit/s 的传输方式，且单元两端也带终端电阻（120Ω）。

很多信息通常会出现在不同局域内特定的网络上，它们之间有时必须通过网络分享。这就需要指定一个特殊的控制单元作为网关，执行在不同总线之间传输信息的功能。网关单元至少连接 2 条总线。

1. 驱动 CAN 总线

图 A-19 所示为迈腾驱动 CAN 总线的结构图，它主要用于需要进行高速数据交换的地方，以使各传感器、执行器的变化情况和通过信息调节车辆控制装置之间的信息接收状况延迟至最小化。

2. 底盘 CAN 总线

图 A-20 所示为底盘 CAN 总线结构图，它基本上与驱动 CAN 总线一致。对并联总线之间的拥挤信息进行拆分，可确保及时的信息传输和接收。有时需要在底盘 CAN 总线和驱动 CAN 总线之间进行通信，这将通过数据总线诊断接口 J533（网关）来完成。

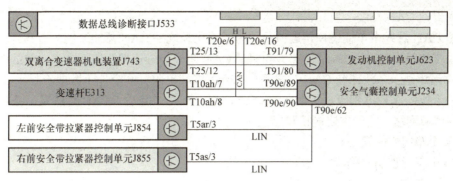

图 A-19 迈腾驱动 CAN 总线结构图

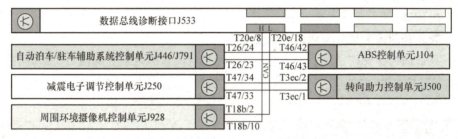

图 A-20 迈腾底盘 CAN 总线结构图

3. 舒适数据总线

舒适数据总线由舒适 CAN 总线和舒适 LIN 总线组成，如图 A-21 所示。

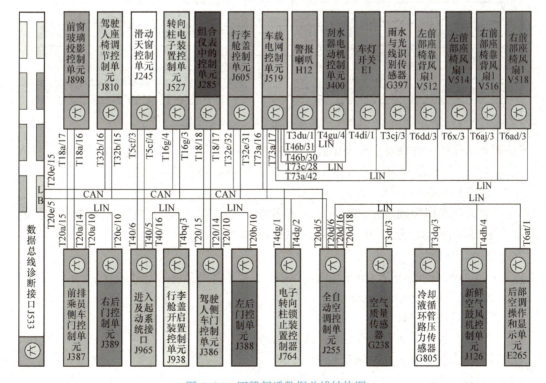

图 A-21 迈腾舒适数据总线结构图

（1）舒适 CAN 总线

舒适 CAN 总线由车辆遥控钥匙激活，为了简化和统一 CAN 总线系统，迈腾将原来连接各控制系统的舒适 CAN 总线结构改为和驱动 CAN 总线传输速率及连接方法一样的结构，如图 A-22 所示，且 CAN-H 和 CAN-L 之间有 120Ω 终端电阻，一个位于数据诊断接口 J533 内部，另一个位于车载电网管理控制单元 J519 内部，车身（舒适）CAN 总线是一条比较重要的控制器区域网络。它的主要连接对象包括：

1) 4 个车门中控锁。

2) 4 个车门玻璃升降器电动机。

3) 行李舱锁。

4) 车外后视镜。

5) 车内顶灯。

6) 驾驶人和前排乘员座椅调整记忆及加热。

7) 在具备遥控功能的情况下，还包括对遥控信号的接收处理和其他防盗系统的控制。

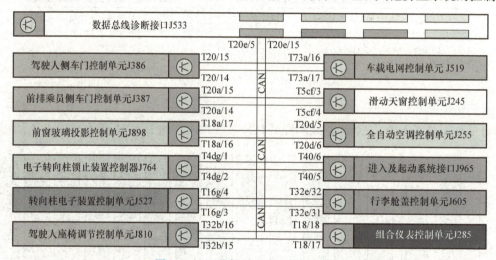

图 A-22 迈腾舒适 CAN 总线结构图

从控制功能的角度来看，车身（舒适）系统的很多动作都存在某些相互关联性，只有对所有这些关联性作出非常周密的考虑，才能真正让乘员感到舒适和满意。

（2）舒适 LIN 总线

在驾驶人侧车门控制单元 J386 与左后门控制单元 J388 之间，在前排乘员侧车门控制单元 J387 与右后门控制单元 J389 之间，均采用 LIN 总线进行数据传递。

4. 信息娱乐 CAN 总线

图 A-23 所示为信息娱乐 CAN 总线示意图，信息娱乐系统包括以下系统：

1) 信息娱乐系统 (Infotainment)。

① 多媒体界面（MMI）。

② 前部信息系统显示和操纵控制单元 J523。

③ 前部信息显示和操纵控制单元。

④ 显示器 J685。

⑤ 多媒体操纵单元 E380。

⑥ 多功能转向盘和仪表板上的显示屏。

2）数字式 Bose 环绕音响系统。

3）收音机模块、语音对话系统。

4）导航系统。

5）电话 /Telematik。

信息娱乐 CAN 总线基本上与舒适 CAN 总线一致，主要用于以上系统和部件之间的数据传递。

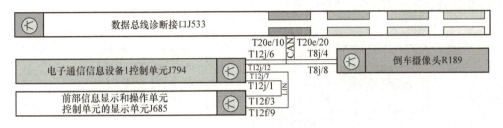

图 A-23　迈腾信息娱乐系统 CAN 总线结构示意图

5. 扩展 CAN 总线

图 A-24 所示为扩展 CAN 总线结构示意图，它基本上与舒适 CAN 总线一致，为了降低舒适总线上的数据压力，将车距调节控制单元 J428、轮胎压力监控控制单元 J502、弯道灯和前照灯照明距离调节控制单元 J745、驾驶人辅助系统的前部摄像机 R242、行驶换道助理系统控制单元 J769、行驶换道助理系统控制单元 2J770、左侧日间行车灯和驻车示宽灯控制单元 J860、右侧日间行车灯和驻车示宽灯控制单元 J861、左前照灯 MX1、右前照灯 MX2、驾驶人辅助系统前部摄像机 R242 重新组成一个局域网。

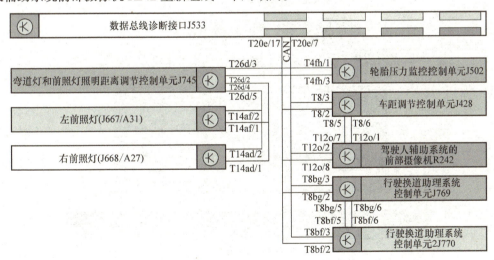

图 A-24　扩展 CAN 总线结构示意图

注意：具体情况需要参照实际车型确定。

6. 诊断 CAN 总线

图 A-25 所示为诊断 CAN 总线结构示意图，故障诊断仪通过数据总线诊断接口 J533 诊断 CAN 总线进行通信。如果车辆连接故障诊断仪，则故障诊断仪将尝试与每个可能选装在车辆上的装置进行通信。如果车辆上未安装某个选装件，则对于该选装装置，故障诊断仪将显示"（无通信）"或"（未连接）"。为了避免与特定装置不通信的错误诊断，参见以上总线系统连接图示作为参考，查看它们与之通信的装置。

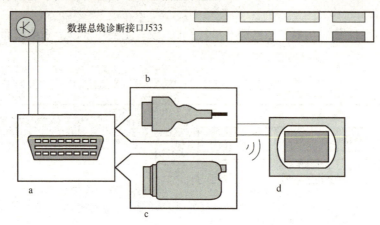

图 A-25　诊断 CAN 总线结构示意图

7. 网关

图 A-26 所示为网关工作原理。由于各种总线系统之间电压电平和电阻配置不同，所以在 CAN 总线、LIN 总线、MOST 总线之间无法进行耦合联接。另外，这几种数据总线的传输速率不同，这就决定了它们无法使用不同的信号，需要在这几个系统之间能完成一个转换。这个转换过程是通过所谓的网关来实现的，也就是迈腾数据总线诊断接口 J533。

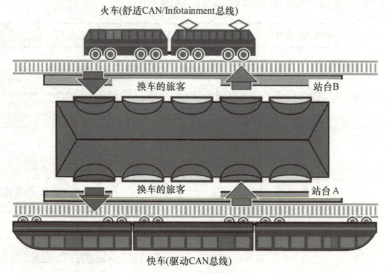

图 A-26　总线诊断接口 J533（网关）工作原理

在站台 A（站台，英语叫网关）到达一列快车（驱动 CAN 总线、500kbit/s），车上有数百名旅客。在站台 B 已经有一辆火车（舒适 CAN/ Infotainment 总线、100 kbit/s）在等待，有一些乘客就换到这辆火车上，有一些乘客要换乘快车继续旅行。

车站/站台的这种功能，即让旅客换车，以便通过速度不同的交通工具到达各自目的地的功能，与驱动 CAN 总线和舒适 CAN/Infotainment 总线两系统网络的网关功能相同。

网关的主要任务是使两个速度不同的系统之间能进行信息交换，迈腾车辆网关安装在数据总线诊断接口 J533 内。由于通过 CAN 总线的所有信息都供网关使用，所以网关也用作诊断接口。迈腾以前是通过网关的 K 线来查询诊断信息，现在是通过 CAN 总线诊断线来完成这个工作的。

A2　CAN 总线常见故障的诊断与排除

如图 A-27 所示为迈腾转向灯控制系统线路图，从中可以看出，转向柱电子装置控制单元 J527 与转向信号灯开关 E2、驾驶人侧车门控制单元 J386、前排乘员侧车门控制单元 J387、组合仪表控制单元 J285 之间都是通过 CAN 总线进行数据传输。

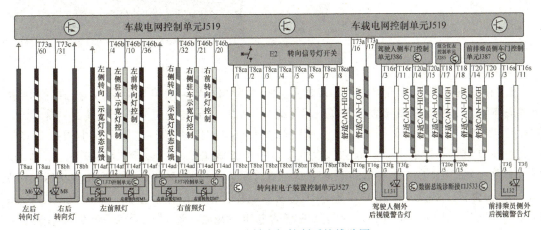

图 A-27　迈腾转向灯控制系统线路图

CAN 总线系统常见的故障有 CAN-HIGH 或 CAN-LOW 断路、虚接、对正极短路、对正极虚接、对负极短路、对负极虚接、彼此互短、彼此之间虚接，不同的虚接电阻对系统的影响不同。

> 注意：系统对 CAN-LOW 与地短路故障有容错功能，在这种情况下还可以正常通信，而对 CAN-HIGH 与地短路故障没有容错功能；系统对 CAN-HIGH 对正极短路故障有容错作用，对 CAN-LOW 则没有。

当 CAN 总线出现故障的时候，最好利用示波器同时测量 CAN-HIGH、CAN-LOW 信号波形，借助信号的形成原理分析故障部位和故障原因，舒适系统 CAN 总线的诊断方法相同。

1. CAN-HIGH 断路的波形分析（图 A-28）

1）隐性电平不变。正常情况下，因为在隐性电平时，所有单元中的晶体管均处于截止状态，所以 CAN-HIGH、CAN-LOW 的电位实质上就是两个 470Ω 之间的电位，即为 5V 的一半；当 CAN-HIGH 断路时，并没有改变原有电路任何的电流大小，CAN-HIGH、CAN-LOW 的电位还是两个 470Ω 之间的电位，即为 5V 的一半，所以不变。

2）在正常情况下，当左侧单元发送信息时，左侧 CAN-HIGH 电势会因为晶体管导通，使得晶体管上下游的电路导通,串联电阻(42Ω、60Ω)导通产生分压,而使得左侧单元端的CAN-HIGH总线电压上升到3.5V。此时如果CAN-HIGH断路,左侧CAN-HIGH端会因为失去右侧单元中的电阻而使得其对应的晶体管上方的42Ω电阻内的电流相对减小,那该电阻两端的电压降将会减小,从而使得左侧单元端CAN-HIGH电压在正常增大的基础上进一步增大,因而CAN-HIGH的波形从2.5V的隐性电压切换到3.95V左右,相对3.5V有了0.45V的提高。

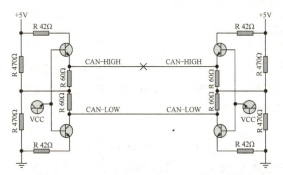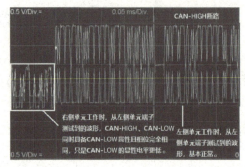

图A-28　CAN总线原理、故障及波形(从左侧单元端测得)(略有差异)

3)在正常情况下,当左侧单元发送信息时,左侧CAN-LOW电势会因为晶体管导通,使得晶体管上下游的电路导通,串联电阻(42Ω、60Ω)导通产生分压,而使得左侧单元端的CAN-LOW总线电压下降到1.5V;此时如果CAN-HIGH断路,右侧单元中两个60Ω之间的对地电阻有一定的下降,导致该点的电压有所下降(注意:由于CAN-HIGH断路,右侧控制单元端CAN-HIGH电压和该点电压一致,所以也有明显的下降,而且切换的方向是反的),而整体上还是CAN-LOW左端比右端的电势低,所以流经左侧控制单元内的CAN-LOW对应的42Ω的电流减小,因为其两端的电压降减小,所以CAN-LOW的波形从2.5V的隐性电平切换到1.22V左右,相对1.5V也有了0.28V的降低。

4)当左侧单元发送信息时,右侧单元的CAN-LOW波形和左侧单元的相同,但CAN-HIGH会检测到来自右侧单元的反射波,CAN-HIGH、CAN-LOW同时具备CAN-LOW的属性且相位完全相同,只是CAN-LOW相对CAN-HIGH的显性电平偏低一些,CAN-HIGH的为1.48V,CAN-LOW的为1.22V。

5)这种情况下,左侧的控制单元不会参与系统工作。

2. CAN-LOW断路的波形分析(图A-29)

1)隐性电平不变。正常情况下,因为在隐性电平时,所有单元中的晶体管均处于截止状态,所以CAN-HIGH、CAN-LOW的电位实质上就是两个470Ω之间的电位,即为5V的一半;当CAN-LOW断路时,并没有改变原有电路任何的电流大小,CAN-HIGH、CAN-LOW的电位还是两个470Ω之间的电位,即为5V的一半,所以不变。

2)在正常情况下,当左侧单元发送信息时,左侧CAN-LOW电势会因为晶体管导通,使得晶体管上下游的电路导通,串联电阻(42Ω、60Ω)导通产生分压,而使得左侧单元端的CAN-LOW总线电压下降到1.5V。此时如果CAN-LOW断路,左侧CAN-LOW端会因为失去右侧单元中的电阻而使得其对应的晶体管下方的42Ω电阻内的电流相对减小,那该电阻两端的电压降将会减小,从而使得左侧单元端CAN-LOW的电势在正常减小的基础上进一步减小，因而 CAN-LOW 的波形从 2.5V 的隐性电压切换到 1.0V 左右，相对 1.5V 有了 0.5V 的降低。

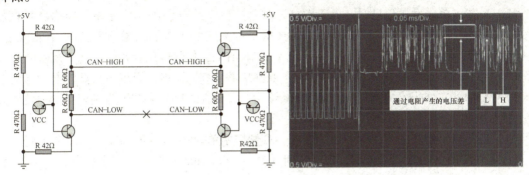

图 A-29　CAN 总线原理、故障及波形（从左侧单元端测得）

3）在正常情况下，当左侧单元发送信息时，左侧 CAN-HIGH 电势会因为晶体管导通，使得晶体管上下游的电路导通，串联电阻（42Ω、60Ω）导通产生分压，而使得左侧单元端的 CAN-HIGH 总线电压而上升到 3.5V。此时如果 CAN-LOW 断路，右侧单元中两个 60Ω 之间的对地电阻有一定的增大，导致该点的电压有所升高（注意：由于 CAN-LOW 断路，右侧控制单元端 CAN-LOW 电压和该点电压一致，所以也有明显的升高，而且切换的方向是反的），而整体上还是 CAN-HIGH 左端比右端的电势高，流经左侧控制单元内的 CAN-HIGH 对应的 42Ω 的电流减小，因为其两端的电压降减小，所以 CAN-HIGH 的波形从 2.5V 的隐性电平切换到 3.8V 左右，相对 3.5V 也有了 0.3V 的升高。

4）当左侧单元发送信息时，右侧单元的 CAN-HIGH 波形和左侧单元的相同，但 CAN-LOW 会检测到来自右侧单元的反射波，CAN-HIGH、CAN-LOW 同时具备 CAN-HIGH 的属性且相位完全相同，只是 CAN-HIGH 相对 CAN-LOW 的显性电平偏低一些，CAN-HIGH 的为 3.8V，CAN-LOW 的为 3.54V。

5）这种情况下，左侧的控制单元不会参与系统工作。

注意：观察这类信号波形时，先观察波形相位和切换方向重叠的部分，只要有这种类似的波形，就说明总线有断路的地方，至于是 CAN-HIGH 还是 CAN-LOW 断路，可以参照重叠部分波形的显性电平的高低来判定。如果 CAN-HIGH 高于 CAN-LOW，说明 CAN-HIGH 断路。如果 CAN-LOW 高于 CAN-HIGH，说明 CAN-LOW 断路。

3. CAN-HIGH 虚接的波形分析（图 A-30）

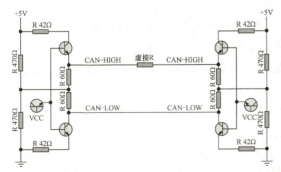
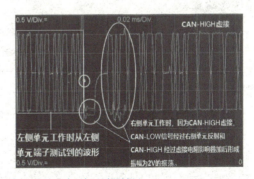

图 A-30　CAN 总线原理、故障及波形（从左侧单元端测得）

1)当CAN-HIGH虚接时,并没有改变原有电路任何的电流大小,CAN-HIGH、CAN-LOW的电位还是两个470Ω之间的电位,即为5V的一半,所以隐性电平不变。

2)当左侧单元发送信息时,由于虚接,左侧控制单元的CAN-HIGH端与接地之间的电阻增大,在流经左侧控制单元中CAN-HIGH对应的晶体管上方的42Ω电阻内的电流减小,该电阻两端的电压降将减小,左侧控制单元端CAN-HIGH信号电压会相应提高,试验中为从2.5V切换到3.88V,显性电平相对3.5V有了0.38V的提高,虚接电阻越小,显性电平越接近3.5V。CAN-LOW的显性电平也随之下降,约为1.26V。试验虚接电阻为1kΩ,电阻越大,对系统影响越大。

3)当右侧单元发送信息时,由于虚接,右侧控制单元端CAN-HIGH的电压有了明显的下降,信号波形从2.5V切换到1.74V,相对3.5V有了1.76V的降低,显性电平反方向变化;CAN-LOW波形从2.5V切换到1.26V,相对1.5V有了降低;实验虚接电阻为1kΩ,电阻越大,对系统影响越大。

4. CAN-LOW虚接的波形分析(图A-31)

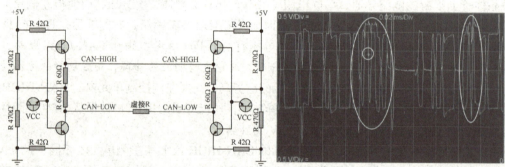

图A-31 CAN总线原理、故障及波形(从左侧单元端测得)

1)当CAN-LOW虚接时,并没有改变原有电路任何的电流大小,CAN-HIGH、CAN-LOW的电位还是两个470Ω之间的电位,即为5V的一半,所以隐性电平不变。

2)当左侧单元发送信息时,由于虚接,左侧控制单元的CAN-HIGH端与接地之间的电阻增大,在流经左侧控制单元中CAN-HIGH对应的晶体管上方的42Ω电阻内的电流减小,该电阻两端的电压降将减小,左侧控制单元端CAN-HIGH信号电压会相应提高,实验中从2.5V切换到3.75V,显性电平相对3.5V有了0.25V的提高,虚接电阻越小,显性电平越接近3.5V;CAN-LOW的显性电平也随之下降,约为1.1V。试验虚接电阻为1kΩ,电阻越大,对系统影响越大。

3)当右侧单元发送信息时,由于虚接,右侧控制单元端CAN-HIGH的电压有了明显的提高,波形从2.5V切换到3.75V,相对3.5V有了0.25V的提高。CAN-LOW波形从2.5V切换到3.26V,显性电平反方向变化,相对1.5V有了明显的提高;实验虚接电阻为1kΩ,电阻越大,对系统影响越大。

注意:观察此类波形时,主要看某个控制单元的CAN总线信号波形是否存在逆向切换的显性电平,如果CAN-HIGH信号波形存在逆向切换的显性电平,则为CAN-HIGH存在虚接,虚接电阻越大,逆向切换后的显性电平越低;如果CAN-LOW信号波形存在逆向切换的显性电平,则为CAN-LOW存在虚接,虚接电阻越大,逆向切换后的显性电平越高。

5. CAN-HIGH 对 +B 短路的波形分析（图 A-32）

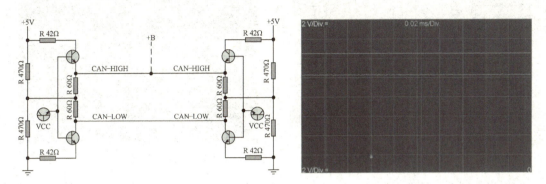

图 A-32　CAN 总线原理、故障及波形（从左侧单元端测得）

1）CAN-HIGH 的隐性电平为 +B，因为 CAN-HIGH、CAN-LOW 之间有 60Ω 的电阻存在，所以 CAN-LOW 的隐性电平相对 CAN-HIGH 会偏低大约 2V。

2）当某侧单元发送信息时，CAN-HIGH 始终为 +B；CAN-LOW 的波形会在 10V（隐性电平）的基础上切换到 4.4V，相对正常的 1.5V 有明显的提高。

6. CAN-LOW 对 +B 短路的波形分析（图 A-33）

1）CAN-LOW 的隐性电平为 +B，因为 CAN-HIGH、CAN-LOW 之间有 60Ω 的电阻存在，所以 CAN-HIGH 的隐性电平相对 CAN-HIGH 会偏低大约 2V，为 9.72V。

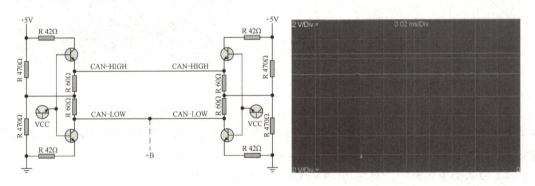

图 A-33　CAN 总线原理、故障及波形（从左侧单元端测得）

2）当某侧单元发送信息时，CAN-LOW 始终为 +B；CAN-HIGH 的波形会在 9.72V（隐性电平）的基础上切换到 9.12V，相对正常的 3.5V 有明显的提高。

> 注意：观察此类波形时，主要看所有控制单元总线波形的隐性电平是否有一根信号线电压始终保持为 +B，而另外一根信号线为 10V，如果有，就说明 CAN 总线对 +B 短路。如果 CAN-HIGH 为 +B，CAN-LOW 为 10V，说明 CAN-HIGH 对 +B 短路。如果 CAN-LOW 为 +B，CAN-HIGH 为 10V，说明 CAN-LOW 对 +B 短路。

7. CAN-HIGH 对 +B 虚接的波形分析（图 A-34）

1）与虚接电阻大小有关，电阻越大，对隐性电平的影响越小（2.5V~+B），电阻越大，隐性电平越靠近 2.5V，同时 CAN-HIGH 的隐性电平会略高于 CAN-LOW。试验电阻为 200Ω，CAN-HIGH 隐性电压为 6.5V，CAN-LOW 隐性电压为 5.7V。

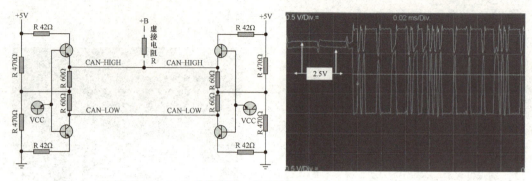

图 A-34　CAN 总线原理、故障及波形（从左侧单元端测得）

2）当某侧单元发送信息时，CAN-HIGH 波形在被提高的隐性电压（6.5V）和 4.5V 之间反向切换。同样，CAN-LOW 波形在被提高的隐性电压（5.7V）和 1.8V 之间正向切换。

3）CAN-HIGH、CAN-LOW 显性电平的差值大于 2V，CAN 总线仍可以正常通信。

8. CAN-LOW 对 +B 虚接的波形分析（图 A-35）

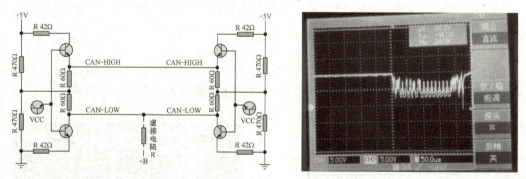

图 A-35　CAN 总线原理、故障及波形（从左侧单元端测得）

1）与虚接电阻大小有关，电阻越大，对隐性电平的影响越小（2.5V~+B），电阻越大，隐性电平越靠近 2.5V，同时 CAN-LOW 的隐性电平会略高于 CAN-HIGH。试验电阻为 200Ω，CAN-LOW 隐性电压为 6.5V，CAN-HIGH 隐性电压为 5.7V。

2）当某侧单元发送信息时，CAN-HIGH 波形在被提高的隐性电压（5.7V）和 3.96V 之间反向切换。同样，CAN-LOW 波形在被提高的隐性电压（6.5V）和 2.8V 之间正向切换。

> 注意：观察此类波形时，主要看所有控制单元总线波形的隐性电平是否同时明显大于 2.5V，如果有，就说明 CAN 总线存在对 +B 虚接。如果 CAN-HIGH 的隐性电平大于 CAN-LOW，说明 CAN-HIGH 对 +B 虚接。如果 CAN-LOW 的隐性电平大于 CAN-HIGH，说明 CAN-LOW 对 +B 虚接。

9. CAN-HIGH 对接地短路的波形分析（图 A-36）

1）因为 CAN-HIGH 对接地短路，所以 CAN-HIGH 的隐性电平变为 0V，而 CAN-LOW 的电压因为终端电阻的存在而比 CAN-HIGH 的隐性电平提高 0.5V。

2）当某侧单元发送信息时，CAN-HIGH 依然为 0V，CAN-LOW 相对隐性电平 0.5V 会更低一点，大约为 0.23V。

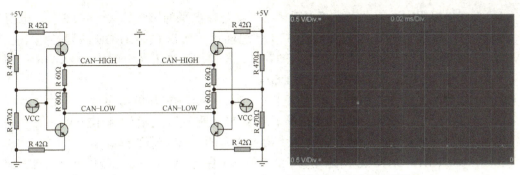

图 A-36　CAN 总线原理、故障及波形（从左侧单元端测得）

10. CAN-LOW 对地短路的波形分析（图 A-37）

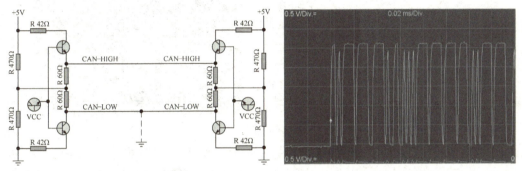

图 A-37　CAN 总线原理、故障及波形（从左侧单元端测得）

1）因为 CAN-LOW 对接地短路，所以 CAN-LOW 的隐性电平变为 0V，而 CAN-HIGH 的电压因为终端电阻的存在而比 CAN-LOW 的隐性电平提高 0.5V。

2）当某侧单元发送信息时，CAN-LOW 依然为 0V，CAN-HIGH 相对隐性电平 0.5V 会提高，大约为 2.96V。

注意：观察此类波形时，主要看所有控制单元总线波形的隐性电平是否有一根信号线电压始终保持为 0V，而另外一根信号线为 0.5V，如果有，就说明 CAN 总线对接地短路。如果 CAN-HIGH 为 0V，CAN-LOW 为 0.5V，说明 CAN-HIGH 对地短路。如果 CAN-LOW 为 0V，CAN-HIGH 为 0.5V，说明 CAN-LOW 对地短路。

11. CAN-HIGH 对地虚接的波形分析（图 A-38）

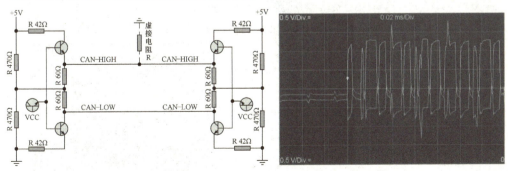

图 A-38　CAN 总线原理、故障及波形（从左侧单元端测得）

1）与虚接电阻大小有关，虚接电阻越小，对隐性电平的影响越大（0~2.5V），电阻越小，隐性电平越靠近 0V，因为 CAN-HIGH 对地虚接，所以 CAN-HIGH 的隐性电平性对 CAN-LOW 要低一些，这是因为终端电阻的存在；实验虚接电阻为 200Ω，CAN-HIGH 的隐性电平为 1.43V，CAN-LOW 的隐性电平为 1.65V。

2）当某侧单元发送信息时，因为晶体管导通，CAN-HIGH 波形在被拉低的隐性电平（1.43V）与 3.1V 之间切换，相对正常情况下的 3.5V 有所下降。同样 CAN-LOW 波形在被拉低的隐性电平（1.65V）与 1.31V 之间切换，相对正常的 1.5V 有所下降。

3）CAN-HIGH、CAN-LOW 显性电平的差值基本保持 2V，CAN 总线仍可以正常通信。

12. CAN-LOW 对地虚接的波形分析（图 A-39）

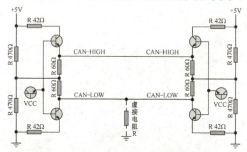 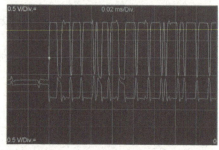

图 A-39　CAN 总线原理、故障及波形（从左侧单元端测得）

1）与虚接电阻大小有关，虚接电阻越小，对隐性电平的影响越大（0~2.5V），电阻越小，隐性电平越靠近 0V，因为 CAN-LOW 对地虚接，所以 CAN-LOW 的隐性电平性对 CAN-HIGH 要低一些，这是因为终端电阻的存在。试验虚接电阻为 200Ω，CAN-LOW 的隐性电平为 1.43V，CAN-HIGH 的隐性电平为 1.65V。

2）当某侧单元发送信息时，因为晶体管导通，CAN-HIGH 波形在被拉低的隐性电平（1.65V）与 3.43V 之间切换，相对正常情况下的 3.5V 有所下降。同样 CAN-LOW 波形在被拉低的隐性电平（1.43V）与 1.31V 之间切换，相对正常的 1.5V 有所下降。

3）CAN-HIGH、CAN-LOW 显性电平的差值基本保持 2V，CAN 总线仍可以正常通信。

注意：观察此类波形时，主要看所有控制单元总线波形的隐性电平是否同时明显小于 2.5V，如果有，就说明 CAN 总线存在对地虚接。如果 CAN-LOW 的隐性电平大于 CAN-HIGH，说明 CAN-HIGH 对地虚接。如果 CAN-HIGH 的隐性电平大于 CAN-LOW，说明 CAN-LOW 对地虚接。

13. CAN-HIGH、CAN-LOW 互短的波形分析（图 A-40）

不管是隐性还是显性，CAN-HIGH、CAN-LOW 的信号始终维持在 2.5V。

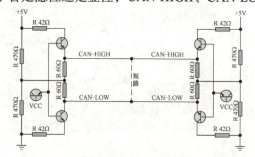 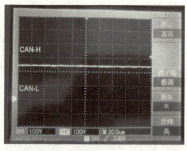

图 A-40　CAN 总线原理、故障及波形（从左侧单元端测得）

14. CAN-HIGH、CAN-LOW 通过电阻短路的波形分析（图 A-41）

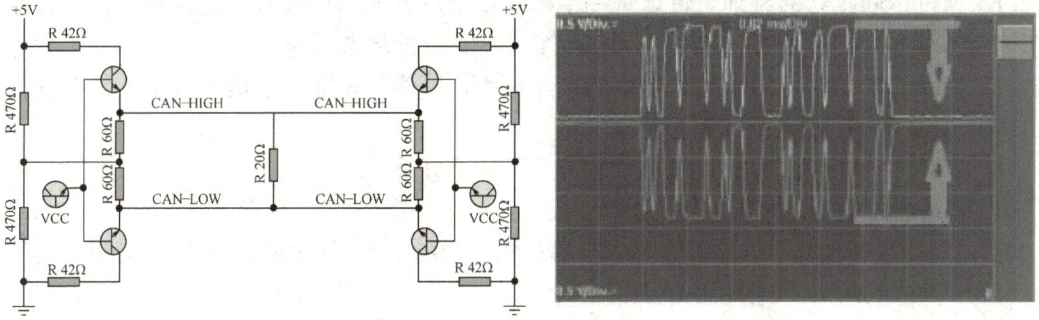

图 A-41　CAN 总线原理、故障及波形（从左侧单元端测得）

隐性电压不会发生变化，但 CAN-HIGH 和 CAN-LOW 的显性电压之间的差值会因为虚接电阻而等幅值减小，电阻越大，两者之间的差值越接近 2V。

A3　如何书写诊断报告

汽修行业对高职学生的要求是基于所学专业知识，通过实验验证、剖析实际车辆的构造和控制策略，并由此制订各种故障的诊断流程（故障树），实施现场诊断，提出维修和车辆改进意见。特点是不特别强调车型维修经验和实际故障概率；目的是基于实际车辆系统原理及故障现象编写诊断流程，重点体现思路的完整性、系统性、合理性，体现汽车"医生"的价值；能基于原车的结构和控制策略编制故障树并实施诊断，而不仅仅采用特别直接的、具有直接导向的故障代码辅助诊断，正确认识故障代码、数据流等解码器功能存在的局限，避免故障代码对思路和所要考察知识和能力的干扰。

高职均要求学生书写诊断报告，以便更全面地考察学习是否掌握了应该掌握的知识和技能，同时为客观评价提供佐证。

在日常教学活动中，一般要求诊断报告应包含以下内容的一个或几个，如图 A-42 所示，从中不难看出，中职更侧重于能借助故障代码和维修手册对简单故障进行诊断和排除，基本不需要太多分析的内容；而高职相对而言更注重学生全方位能力的考核，既要有一定的实践动手能力，也要有较强的理论基础和分析问题、解决实际问题的能力。

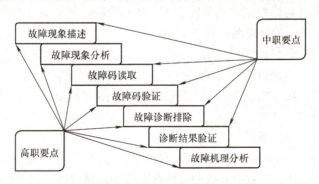

图 A-42　中高职报告内容要求

诊断报告的作用主要体现在以下 2 个方面：

1）通过诊断报告的整理，可以进一步梳理整个思维和作业过程，完善细节，为日常教学提供宝贵的资源，真正使日常教学和实际工作紧密结合起来。

2）借助诊断报告，可以还原学生的作业过程，以便作出客观准确的裁判，所以报告格式的设计要便于学生展现自己的思路。

那如何写好一份报告呢，主要需要注意以下 4 个细节。

1. 故障现象描述

通过描述故障现象可以重点考察学生对车辆结构和工作原理的理解程度；可以考察学生会不会借用专业知识，根据客户主诉的故障，对车辆进行有效的功能检查，而这些有效的检查可以尽快确定故障部位和故障性质，为诊断提供更多的数据支撑。

在描述故障现象时，要注意每段话、每句话之间的逻辑性，一种方法是按照操作过程，用流水账的方式记录与故障相关的检查内容和结果；另一种方法是前记录主要故障，再记录次要故障，最后写出对诊断有利的正常的检查内容和结果。

2. 故障现象分析

重点考察学生对车辆控制策略的理解和逻辑思维能力，在一般情况下，学生应可以结合检测结果确定故障的部位和性质。分析时要首先抓住主要故障现象，参考与故障现象有关的系统结构和工作原理，写出导致故障出现的控制流程；然后结合其他检测结果，排除上述控制流程中的某些区间，最后确定故障成因；在有些情况下故障现象之间存在因果关系或前后时序，则重点分析因或者最早发生的事件；在有些情况下各个故障点彼此独立，没有因果关系或前后时序，则可以把每个故障现象的控制流程写出来，通过比较找寻其中重叠的部分展开诊断。

3. 诊断过程

（1）故障代码读取

有些故障现象通过分析就可以确定故障部位和性质，此时读码就是为了验证分析过程或者进一步缩小故障范围；有些故障现象通过人为分析可能无法确定故障部位和性质，因为范围太大、成因很多，或者故障属于偶发故障，实验时无法确认故障是否一定存在，所以只能借用车辆自诊断程序予以协助。

在利用故障代码进行诊断时，通常会遇到以下 3 种情况：

1）解码器无法进入目标控制单元，说明这个单元不具备通信条件，要结合通信原理进行诊断。要注意是只有目标控制单元不能进入，还有别的也进不去，是所有都进不去，还是个别几个进不去，不同的情况说明不同的故障范围。

2）解码器可以进入目标控制单元，但没有故障代码。没有代码并不意味着就没有故障，可能是在清除故障代码后进行故障工况模拟时，故障代码还没有生成，因此一方面要注意仔细分析初次读取存在、而二次读取不存在的故障代码是否与现象有关；另外一方面也要注意检测条件是否有利于故障代码的生成。如果确实没有故障记忆，则只能根据故障现象，结合系统结构和工作原理进行诊断了。

3）解码器可以进入目标控制单元，有故障代码，此时要注意是历史还是当前，是相关还是无关，如果是当前的，并且是相关的，那就要根据故障代码的定义开始进行诊断。

（2）故障代码验证

1）验证的必要性，现在车辆各系统都拥有自诊断功能，要知道故障代码是基于自诊断逻辑人为编辑出来的，实际上是一种经验，未必是对的，未必是所有故障都可以有故障代码，只有理解代码生成的含义才可以进行正确验证，否则还可能会影响诊断的思路。

2）用什么数据进行验证。一种高效的方法就是利用数据流或执行元件诊断功能进行验证，确定故障范围和性质；另一种就是利用在线式测量方法进行验证。两种方法各有利弊，需根据实际情况确定。

（3）故障诊断排除

常用故障诊断思路：在什么工况条件下，用什么仪器对哪些参数进行测量，在正常情况下，这些参数的标准值应该为多少，而实测结果是多少，两者比较得出结论。如果正常，和上一步测试结果进行比较，会推断出什么样的故障部位和故障性质，然后进行验证；如果异常，则推导出造成结果异常的原因有哪些（注意故障层级不能混乱），然后根据这些可能性分析出下一步的测试点。如果测试点根据故障树分析法有所跳跃或迁移，则给出必要的思路说明。

> 注意：
> 1）学生的整体思路是否清晰、合理。
> 2）选择正确的测试条件和测试设备至关重要，测试条件不正确可能会错过故障信息，测试设备不正确，可能无法还原信号本质，进而可能忽略某些故障信息。
> 3）正确理解波形代表的含义，快速、准确发现故障部位和故障性质。
> 4）分析时，不能根据检测结果反推故障可能，注意充分必要条件。
> 5）注意相关要求，避免文不对题。
> 6）排除故障的过程就是逐渐缩小故障范围的过程。
> 7）原则上不使用排除法，而是追寻异常指引。
> 8）正常的测试数据未必代表正常的结果，不正常一定代表某种错误。
> 9）正确理解故障树的诊断方法，竞赛时为什么强调不用电阻法。
> 10）诊断过程的最后一句话怎么写？

（4）诊断结果验证

验证的目的是为了确定之前的诊断是否正确，要注意以下5个问题：

1）诊断过程中基本采用电压法进行，最后用电阻法进行验证。
2）对于电路断路故障，一般需要诊断出断路区间和性质。
3）对于电路短路故障，诊断出故障性质即可。
4）对于元器件故障，能进行单件测试的一定要测试。
5）有些验证在实际工作中时较难实现，但也要有做的意识。

4. 故障机理分析

机理分析相当于病理分析，要搞清楚发现的故障点、故障性质以及为什么会导致故障现象的出现，分析清楚故障的原因是个性还是共性，是设计、制造层面还是应用层面的故障，为汽车设计、制造和使用提供最有价值的信息，书写的时候要注意下列2点：

1）有几个故障点，就需要写出几个分析过程。
2）应该写出每个故障点为什么会导致前面描述的故障现象，不管是正常的还是异常的现象都要写出来。

为了提高教学效果，建议采用以下思路进行理实一体化教学：
1）结合电路图，基本了解系统的结构和工作原理。
2）分析每个系统可设的故障点和故障性质。
3）凭借对车辆的理解，推断每个故障点对应的现象。
4）实验验证凭空推断是否正确。
5）分析检测结果，反推原车控制逻辑。
6）制订针对每个故障点的诊断流程。
7）汇总系统可能出现的故障现象。
8）汇总可能出现的故障点组合。
9）制订不同故障点组合后的整体诊断思路。
10）编写诊断报告。